A ALEGRIA *de ser* DISCÍPULO

Papa Francisco

Editado e compilado por
James P. Campbell

A Alegria de ser Discípulo

Tradução
Sandra Martha Dolinsky

1ª edição

Rio de Janeiro | 2017

CIP-BRASIL. CATALOGAÇÃO NA PUBLICAÇÃO
SINDICATO NACIONAL DOS EDITORES DE LIVROS, RJ

F893a
Francisco, 1936-
A alegria de ser discípulo / Francisco; editado e compilado James P. Campbell; tradução: Sandra Martha Dolinsky. – 1ª ed. – Rio de Janeiro: BestSeller, 2017.

Tradução de: The Joy of Discipleship
Inclui bibliografia
ISBN: 978-85-465-0025-3

1. Francisco, papa, 1936-. 2. Cristianismo. 3. Vida cristã. I. Campbell, James P. II. Dolinsky, Sandra Martha. III. Título.

16-38809
CDD: 248.4
CDU: 248.4

Texto revisado segundo o novo Acordo Ortográfico da Língua Portuguesa.

Título original:
THE JOY OF DISCIPLESHIP
Copyright © 2016 Libreria Editrice Vaticana
Todos os direitos reservados
Copyright © 2016 Compilation by Loyola Press
Publicado de acordo com termos contratuais com a Loyola Press, Chicago, IL, USA
Os direitos da obra em português foram negociados pela Agência Riff, Rio de Janeiro
em conjunto com a Montreal-Contacts/ The Rights Agency
Copyright da tradução © 2017 by Editora Best Seller Ltda.

Design de capa: Guilherme Peres
Imagem da capa: Franco Origlia/ GettyImages
Editoração eletrônica: Abreu's System

Todos os direitos reservados. Proibida a reprodução,
no todo ou em parte, sem autorização prévia por escrito da editora,
sejam quais forem os meios empregados.

Direitos exclusivos de publicação em língua portuguesa para o Brasil
adquiridos pela
EDITORA BEST SELLER LTDA.
Rua Argentina, 171, parte, São Cristóvão
Rio de Janeiro, RJ – 20921-380
que se reserva a propriedade literária desta tradução.

Impresso no Brasil

ISBN 978-85-465-0025-3

Seja um leitor preferencial Record.
Cadastre-se e receba informações sobre nossos lançamentos e nossas promoções.

Atendimento e venda direta ao leitor
mdireto@record.com.br ou (21) 2585-2002.

SUMÁRIO

Prefácio 7
1. O extraordinário ano da misericórdia 9
2. O essencial é a misericórdia 19
3. A paciência de Deus para conosco 36
4. Jesus ressuscitou! Nós o vimos! 49
5. Nossa alegria é Jesus Cristo 62
6. A presença de Deus na família 74
7. O amor é a medida da fé 88
8. Jesus compartilhou nossa jornada 101
9. O Espírito Santo é a alma da missão 114
10. A Igreja, grande família de Deus 127
11. Maria, modelo de união com Cristo 133
12. Os santos, ancorados na esperança 140

Notas finais 147
Sobre o editor e compilador 173

PREFÁCIO

Uma palavra que na maioria das vezes resume o ministério do ensino do papa Francisco é a *misericórdia*: a misericórdia de Deus para conosco e a resposta a ela que nós, seu povo, devemos também manifestar. Não menos importante para o papa é a palavra *alegria*. Quando o amor de Deus, derramado em misericórdia, nos toca, não pode deixar de causar prazer e alegria. O Santo Padre repetidamente fala do desejo de alegria do coração humano. A alegria do discípulo é uma realidade mais profunda, uma alegria que vem da proximidade de Deus: a proximidade de Deus em nossa vida. "Surpreendidos" por essa alegria, somos compelidos a testemunhá-la. Esse testemunho é a marca de um verdadeiro discípulo de Jesus Cristo.

James P. Campbell reuniu trechos de homilias, discursos e outros documentos do papa Francisco e os dispôs em vários temas que especificam a realidade da alegria cristã. O livro é uma espécie de *catena*, ou corrente, moderna; cada citação é um link que destaca uma faceta da alegria de um discípulo. Uma faceta é a ressurreição de Cristo, outra, é a presença de Deus na família, outra, é a Igreja, e outra, ainda, é o Espírito Santo como a alma da missão e de alegria. Ao todo, cerca de 11 temas são abordados, com um objetivo em mente: descrever como as realidades expressas pelo papa sobre cada tema nos melhoram, ou nos desafiam como discípulos da alegria. Para o papa Francisco, a alegria é contagiosa, e se torna um princípio de confirmação para um filho ou filha como testemunha de Jesus Cristo.

O Santo Padre já falou ou escreveu, em tão pouco tempo ainda como papa, em quase todas as dimensões do discipulado. De uma forma admirável, as seleções de Campbell reúnem um vasto leque de temas sobre a mente do papa e a relevância da vida de Jesus para nossa alegria — inclusive a "vida oculta" de Cristo, naqueles intermináveis dias de atividade discreta de sua parte. O papa Francisco nos aconselhou a "ler o Evangelho, levar um pouco do Evangelho conosco". Campbell criou um mosaico de palavras do papa sobre a alegria do Evangelho. Esta obra também nos dá um retrato do próprio papa e da incrível alegria que enche sua vida, sua mente, seu magistério, em suma, seu discipulado!

Daniel Cardinal DiNardo,
ARCEBISPO DE GALVESTON-HOUSTON

1

O EXTRAORDINÁRIO ANO DA MISERICÓRDIA

Trechos da bula papal do papa Francisco, de 11 de abril de 2015

Francisco, bispo de Roma, servo dos servos de Deus. A todos os que lerem esta carta: graça, misericórdia e paz.

1. Jesus Cristo é o rosto da misericórdia do Pai. Estas palavras poderiam muito bem resumir o mistério da fé cristã. A misericórdia se tornou viva e visível em Jesus de Nazaré, atingindo nele sua culminação. O Pai, "rico em misericórdia" (Ef 2:4), depois de ter revelado seu nome a Moisés como "um Deus misericordioso e compassivo, lento para a cólera, rico em bondade e em fidelidade" (Ex 34:6), nunca deixou de mostrar, de várias maneiras, ao longo da história, sua natureza divina. Na "plenitude dos tempos" (Gl 4:4), quando tudo havia sido organizado de

acordo com seu plano de salvação, ele enviou seu Filho unigênito ao mundo, nascido da Virgem Maria, para revelar seu amor por nós de maneira definitiva. Quem vê Jesus, vê o Pai (ver Jo 14:9). Jesus de Nazaré, por suas palavras, suas ações e toda a sua pessoa, revela a misericórdia de Deus.

7. "Porque sua benignidade dura para sempre." Este é o refrão que se repete depois de cada versículo do Salmo 136, que narra a história da revelação de Deus. Em virtude da misericórdia, todos os eventos do Antigo Testamento estão repletos de profunda importância salvífica. A misericórdia faz da história de Deus com Israel uma história de salvação. Repetir constantemente "porque sua benignidade dura para sempre", como no salmo, parece romper as dimensões de espaço e tempo, inserindo tudo no eterno mistério do amor. É como se disséssemos que não só na história, e sim para toda a eternidade, o homem estará sempre sob o olhar misericordioso do Pai. Não é por acaso que o povo de Israel queria incluir esse salmo — o "Grande *Hallel*", como é chamado — em suas mais importantes festas litúrgicas.

Antes de sua paixão, Jesus orou com esse salmo de misericórdia [Salmo 136]. Mateus atesta isso em seu Evangelho quando diz que, "depois do santo dos Salmos" (Mt 26:30), Jesus e seus discípulos se dirigiram ao Monte das Oliveiras. Enquanto ele instituía a Eucaristia como um eterno memorial de si mesmo e de seu sacrifício pascal, simbolicamente colocava esse supremo ato de revelação à luz de sua misericórdia. No mesmo contexto de misericórdia, Jesus começou sua paixão e morte, ciente do grande mistério de amor que consumaria na cruz. Saber que o próprio Jesus orou esse salmo torna-o ainda mais importante para nós, como cristãos, desafiando-nos a assumir o refrão em nossa vida diária, orando essas palavras de louvor: "porque sua benignidade dura para sempre."

8. Com os olhos fixos em Jesus e em seu olhar misericordioso, nós experimentamos o amor da Santíssima Trindade. A missão que Jesus recebeu do Pai foi revelar o mistério do amor divino em sua plenitude. "Deus é amor" (1 Jo 4:8,16), afirma João, pela primeira e única vez em toda a Sagrada Escritura. Esse amor, então, tornou-se visível e tangível em toda a vida de Jesus. Sua pessoa é nada mais que amor, um amor distribuído gratuitamente. As relações que ele estabelece com as pessoas que se aproximam dele manifestam algo inteiramente único e singular. Os sinais que dá, especialmente em favor dos pecadores, pobres, marginalizados, doentes e dos que sofrem, são, todos, destinados a ensinar misericórdia. Tudo nele fala de misericórdia. Nada nele é desprovido de compaixão.

9. (...) Jesus afirma que a misericórdia não é apenas uma ação do Pai, mas que também se torna um critério para averiguar, com certeza, quem são seus verdadeiros filhos. Em suma, somos chamados a demonstrar misericórdia, porque a misericórdia foi, primeiramente, de-

monstrada a nós. O perdão das ofensas se torna a mais clara expressão do amor misericordioso, e para nós, cristãos, é um imperativo do qual não podemos nos escusar. Como parece difícil perdoar, às vezes! E, ainda assim, o perdão é o instrumento colocado em nossas frágeis mãos para alcançar serenidade de coração. Abandonar a ira, cólera, violência e vingança é condição necessária para viver com alegria. Consideremos, portanto, a exortação do apóstolo: "Não se ponha o sol sobre o vosso ressentimento"

Jesus afirma que a misericórdia não é apenas uma ação do Pai, mas que também se torna um critério para averiguar, com certeza, quem são seus verdadeiros filhos.

(Efésios 4:26). Acima de tudo, ouçamos as palavras de Jesus, que fez da misericórdia um ideal de vida e um critério para a credibilidade de nossa fé: "Bem-aventurados os misericordiosos, porque alcançarão misericórdia" (Mt 5:7) é a bem-aventurança a que devemos aspirar, particularmente neste Ano Santo.

10. Misericórdia é o próprio fundamento da vida da Igreja. Toda a sua atividade pastoral deve estar envolvida na ternura que ela torna presente aos crentes; nada em sua pregação e em seu testemunho ao mundo pode ser falta de misericórdia. A própria credibilidade da Igreja é vista no modo como ela demonstra o amor misericordioso e compassivo. A Igreja "tem um desejo sem-fim de mostrar misericórdia [...]" Chegou o momento de a Igreja assumir, mais uma vez, o alegre chamado à misericórdia.

É hora de voltar ao básico e suportar as fraquezas e as lutas de nossos irmãos e irmãs. Misericórdia é a força que nos desperta para uma nova vida e infunde em nós a coragem de olhar para o futuro com esperança.

12. A primeira verdade da Igreja é o amor de Cristo. A Igreja se torna um servo do amor e seu mediador para todas as pessoas: um amor que perdoa e se expressa no dom de si mesmo. Consequentemente, sempre que a Igreja está presente, a misericórdia do Pai deve ser evidente. Em nossas paróquias, comunidades, associações e movimentos — em suma, onde quer que haja cristãos —, todos devem encontrar um oásis de misericórdia.

14. O Senhor Jesus nos mostra os passos da peregrinação para atingir nosso objetivo: "Não julgueis, e não sereis julgados; não condeneis, e não sereis condenados; perdoai, e sereis perdoados; dai, e dar-se-vos-á. Colocar-vos-ão no regaço medida boa, cheia, recalcada e transbordante. Porque, com a mesma medida que medirdes, sereis medidos vós também" (Lc 6: 37-38). O Senhor nos pede, acima de tudo, que não julguemos e não condenemos. Se alguém quer evitar o julgamento de Deus, não se deve fazer de juiz de seu irmão ou irmã.

15. É meu desejo ardente que [...] o povo cristão possa refletir sobre as obras *materiais e espirituais de misericórdia*. Será uma maneira de despertar de novo nossa consciência, que com muita frequência se torna fraca em face da pobreza. E entremos mais profundamente no co-

ração do Evangelho, onde os pobres têm uma experiência especial da misericórdia de Deus. Jesus nos apresenta essas obras de misericórdia em sua pregação para que possamos saber se estamos ou não vivendo como seus discípulos. Redescubramos essas obras materiais de misericórdia: alimentar os famintos, dar de beber a quem tem sede, vestir os nus, acolher o estrangeiro, curar os doentes, visitar o presidiário e enterrar os mortos. E não esqueçamos as obras espirituais de misericórdia: aconselhar o hesitante, instruir os ignorantes, admoestar os pecadores, consolar os aflitos, perdoar as ofensas, suportar com paciência aqueles que nos fazem mal e rezar para os vivos e os mortos.

Não podemos escapar das palavras do Senhor para nós, e elas servirão como os critérios com que seremos julgados: se alimentamos os famintos e demos de beber a quem tem sede, se acolhemos o estrangeiro e vestimos o nu ou passamos um tempo com os doentes e os presidiários (ver Mt 25:31-45). Além disso, ele nos perguntará se ajudamos os outros a fugir da dúvida que os leva a cair em desespero e que é, muitas vezes, fonte de solidão; se ajudamos a superar a ignorância em que vivem milhões de pessoas, especialmente crianças, privadas dos meios necessários para libertá-las das amarras da pobreza; se nos aproximamos dos solitários e dos aflitos; se perdoamos a quem nos ofendeu e repudiamos todas as formas de raiva e ódio que levam à violência; se tivemos o tipo de paciência demonstrada

Deus, que é tão paciente conosco; e se louvamos nossos irmãos e nossas irmãs em oração ao Senhor. Em cada um desses "pequenos", o próprio Cristo está presente. Sua carne se torna visível na carne dos torturados, dos esmagados, dos flagelados, dos desnutridos e dos exilados [...] para ser reconhecida, tocada e cuidada por nós. Não esqueçamos as palavras de São João da Cruz: "No ocaso de nossa vida seremos julgados com base no amor."

17. Cada confessor deve aceitar os fiéis como o pai da parábola do filho pródigo: um pai que corre ao encontro de seu filho, apesar do fato de ele haver desperdiçado sua herança. Confessores são chamados a abraçar o filho arrependido que volta para casa, e a expressar a alegria de tê-lo de volta. Que nunca nos cansemos também de sair para o outro filho, que está fora, incapaz de regozijo, a fim de explicar-lhe que seu julgamento é grave, injusto e sem sentido, à luz da infinita misericórdia do pai. Que possam os confessores não fazer perguntas inúteis, mas, como o pai da parábola, interromper o discurso preparado do filho pródigo, de modo que aprendam a aceitar o pedido de ajuda e misericórdia que se derrama do coração de cada penitente. Em suma, confessores são chamados a ser um sinal da primazia da misericórdia, sempre, em todos os lugares e em todas as situações, incondicionalmente.

20. O apelo que Jesus faz no texto do livro do profeta Oseias — "Porque eu quero o amor mais que os sacrifícios" (Os 6:6) — é importante nesse contexto. Jesus

afirma que, desse momento em diante, a regra de vida para seus discípulos deve colocar a misericórdia no centro, como ele mesmo demonstrou, por meio da partilha de refeições com os pecadores. A misericórdia, mais uma vez, revela-se como um aspecto fundamental da missão de Jesus. Isso é um desafio de verdade para seus ouvintes, que gostariam de não respeitar formalmente a lei. Jesus, por outro lado, vai além da lei: a reunião que ele mantém com aqueles que a lei considera pecadores nos faz perceber a profundidade de sua misericórdia.

O apóstolo Paulo faz uma jornada semelhante. Antes de encontrar Jesus no caminho de Damasco, ele dedicou sua vida a perseguir a justiça da lei com zelo (ver Fp 3:6). Sua conversão a Cristo o levou a mudar radicalmente de opinião, ao ponto de ele escrever aos Gálatas: "Também nós cremos em Jesus Cristo, e tiramos assim nossa justificação da fé em Cristo, e não pela prática da lei. Pois, pela prática da lei, nenhum homem será justificado" (Gl 2:16).

O entendimento de Paulo acerca da justiça muda radicalmente. Agora, ele coloca a fé em primeiro lugar, e não a justiça. A salvação não vem por meio da observância da lei, e sim pela fé em Jesus Cristo, que com sua morte e ressurreição traz a salvação, junto com uma misericórdia que justifica. A justiça de Deus se torna a força libertadora para os oprimidos pela escravidão do pecado e suas consequências. A justiça de Deus é sua misericórdia (ver Sl 51:11-16).

21. Se Deus se limitasse apenas à justiça, deixaria de ser Deus; seria como os seres humanos que pedem apenas que a lei seja respeitada. Mas mera justiça não é suficiente. A experiência mostra que um apelo à justiça, por si só, resulta na destruição desta. É por isso que Deus vai além da justiça, com sua misericórdia e perdão. No entanto, isso não significa que a justiça deva ser desvalorizada ou tida como supérflua. Pelo contrário, quem comete um erro, deve pagar o preço. Entretanto, esse é apenas o começo da conversão, não o fim, porque a pessoa começa a sentir a ternura e a misericórdia divina. Deus não nega a justiça. Ele a engloba e a supera, com um evento ainda maior, no qual nós vivemos o amor como fundamento da verdadeira justiça [...] A justiça de Deus é sua misericórdia para todos, como uma graça que flui da morte e ressurreição de Jesus Cristo. Assim, a Cruz de Cristo é o julgamento de Deus sobre todos nós e sobre o mundo inteiro, pois por meio dela ele nos oferece a certeza de amor e de vida nova.

23. Existe um aspecto da misericórdia que vai além dos limites da Igreja. Diz respeito ao judaísmo e ao islamismo, que consideram a misericórdia um dos mais importantes atributos de Deus. Israel foi o primeiro a receber essa revelação, que prossegue na história como fonte de uma inesgotável riqueza para ser compartilhada com toda a humanidade. As páginas do Antigo Testamento estão mergulhadas em misericórdia, porque narram as

obras que o Senhor realizou em favor de seu povo nos momentos mais difíceis de sua história. Entre os nomes privilegiados que o Islã atribui ao Criador, estão "Misericordioso e Amável". Essa invocação se encontra frequentemente nos lábios dos fiéis muçulmanos, que se sentem acompanhados e sustentados por misericórdia em sua fraqueza diária. Eles também acreditam que ninguém pode impor um limite à misericórdia divina, porque suas portas estão sempre abertas.

24. Ao pé da cruz, Maria, junto com João, o discípulo do amor, testemunhou as palavras de perdão ditas por Jesus. Essa expressão suprema de misericórdia para com aqueles que o crucificaram nos mostra a que ponto a misericórdia de Deus pode chegar. Maria atesta que a misericórdia do Filho de Deus não tem limites e se estende a todos, sem exceção. Nas palavras de *Salve Rainha*, vamos dirigir a ela uma oração antiga e sempre nova, de modo que ela nunca se cansará de voltar seus olhos misericordiosos para nós e de nos fazer dignos de contemplar o rosto da misericórdia: seu Filho Jesus.

2
O ESSENCIAL É A MISERICÓRDIA

No Evangelho, o essencial é a misericórdia. Deus enviou seu Filho; Deus se fez homem para nos salvar — ou seja, a fim de nos conceder sua misericórdia. Jesus diz isso claramente ao resumir seu ensinamento para os discípulos: "Sede misericordiosos, como também vosso Pai é misericordioso" (Lc 6:36). Pode haver um cristão que não seja misericordioso? Não. O cristão deve, necessariamente, ser misericordioso, porque esse é o centro do Evangelho. E, fiel a esse ensinamento, a Igreja só pode repetir a mesma coisa aos seus filhos: "Sede misericordiosos" como é o Pai, e como Jesus foi.

A Igreja é mãe e ensina obras de misericórdia a seus filhos. Ela assim aprendeu com Jesus; ela aprendeu que isso é o essencial para a salvação. Não basta amarmos aqueles que nos amam. Jesus diz que os pagãos fazem isso. Não basta fazer o bem àqueles que nos fazem o bem. Para mudar o mundo para melhor é necessário fazer o bem àqueles que não são capazes de retribuir o favor, como o Pai fez conosco, dando-nos Jesus. Quanto pagamos por nossa redenção? Nada, foi totalmente grátis! Fazer o bem sem esperar nada em troca: isso é o que o Pai fez conosco, e nós devemos fazer o mesmo.

Alguém poderia dizer: "Mas, padre, eu não tenho tempo"; "Tenho tantas coisas para fazer"; "É difícil"; "O que posso fazer com minha fraqueza, meus pecados, com tantas coisas?". Com frequência ficamos satisfeitos com algumas orações, com uma participação distraída e esporádica na missa de domingo, com alguns atos de caridade; mas não temos coragem de "sair" e levar Cristo aos outros. Somos um pouco como São Pedro. Assim que Jesus fala de sua paixão, morte e ressurreição, da dádiva de si mesmo, do amor por todos, o apóstolo o leva de lado e o repreende. O que Jesus diz perturba os planos de Pedro, parece inaceitável e ameaça a segurança que ele construiu para si mesmo, sua ideia do Messias. E Jesus olha para seus discípulos e dirige a Pedro aquelas que talvez sejam as palavras mais duras nos Evangelhos: "Afasta-te de mim, Satanás, porque os teus sentimentos não são os de Deus, mas os dos homens" (Mc 8:33). Deus sempre pensa com misericórdia: não se esqueçam disso. Deus sempre pensa misericordiosamente. Ele é o Pai misericordioso!

Quando entramos em nosso coração, descobrimos coisas que não estão bem, coisas que não são boas, como Jesus descobriu a sujeira da especulação [...] no Templo. Dentro de nós também há coisas impuras; há pecados de egoísmo, de arrogância, soberba, avareza, inveja, ciúme... tantos pecados! Podemos até continuar o diálogo com Jesus: "Jesus, confiais em mim? Eu quero que confieis em mim. Assim que eu abrir a porta para vós, e vós limpardes minha alma." Peça isso ao Senhor. Assim como ele purificou o templo, ele pode limpar sua alma. Nós imaginamos que ele vem com um chicote de cordas [...] Não, não se purifica a alma com isso! Vocês sabem, que tipo de chicote Jesus usa para purificar nossa alma? A misericórdia. Abram seu coração à misericórdia de Jesus! Digam: "Jesus, vede quanta imundície! Vinde, limpai. Limpai com vossa misericórdia, com vossas palavras ternas, limpai com vossas carícias." Se abrirmos nosso coração à misericórdia de Jesus, a fim de limpar nosso coração e nossa alma, Jesus vai se confiar a nós.

A Igreja, que é santa, não rejeita os pecadores; não rejeita nenhum de nós; não nos rejeita, porque chama a todos, nos acolhe, está aberta até mesmo aos mais afastados dela.

A Igreja, que é santa, não rejeita os pecadores; não rejeita nenhum de nós; não nos rejeita, porque chama a todos, nos acolhe, está aberta até mesmo aos mais afastados dela. Ela convoca a todos a se deixar envolver pela misericórdia, pela ternura e pelo perdão do Pai, que oferece a todos a possibilidade de encontrá-lo, de caminhar em direção à santidade. "Bem, padre, eu sou um pecador, tenho pecados enormes. Como posso me sentir parte da Igreja?" Querido irmão, querida irmã, isto é exatamente o que o Senhor quer que vocês digam a ele: "Senhor, aqui estou, com meus pecados." Algum de vocês aqui não tem pecado? Alguém? Ninguém, nenhum de nós. Todos nós carregamos nossos pecados conosco. Mas o Senhor quer nos ouvir dizer: "Perdoai-me, ajudai--me a caminhar, a mudar meu coração!" E o Senhor pode mudar seu coração.

Diz o profeta Oseias: "Eu caminhei contigo, e te ensinei a andar como um pai ensina seu filho a caminhar." É linda essa imagem de Deus! E isso é Deus conosco: ele nos ensina a andar. E é a mesma atitude que ele mantém em relação à Igreja. Nós também, apesar de nossa determinação de seguir o Senhor Jesus, vivenciamos, a cada dia, o egoísmo e a dureza de nosso coração. Quando, porém, nós nos reconhecemos pecadores, Deus nos preenche com sua misericórdia e com seu amor. E ele nos perdoa; sempre nos perdoa. E é justamente isso que nos faz crescer como povo de Deus, como a Igreja: não nossa inteligência, não nossos méritos. Somos uma coisa pequena, não é isso; mas sim a experiência diária de quanto o Senhor nos quer bem e cuida de nós. É isso que nos faz sentir que somos verdadeiramente seus, que estamos em suas mãos, e nos faz crescer em comunhão com ele e uns com os outros. Ser Igreja é sentir-se nas mãos de Deus, que é o Pai e nos ama, que nos acaricia, espera por nós e nos faz sentir sua ternura.

Queridos irmãos e irmãs, o Senhor não se cansa de ter misericórdia de nós e quer nos oferecer seu perdão, mais uma vez — todos nós precisamos dele — convidando-nos a voltar a ele com um coração novo, purificado do mal, purificado por lágrimas, a participar de sua alegria. Como devemos aceitar esse convite? São Paulo nos aconselha: "Em nome de Cristo vos rogamos, reconciliai-vos com Deus" (2 Cor 5:20). Esse poder de conversão não é só o trabalho da humanidade, é deixar-se reconciliar. A reconciliação entre nós e Deus é possível graças à misericórdia do Pai, que, por amor a nós, não hesitou em sacrificar seu único Filho. De fato, Cristo, que era justo e sem pecado, foi feito pecado (ver 2 Cor 5:21) quando, na cruz, assumiu o fardo de nossos pecados, e, assim, ele nos redimiu e justificou diante de Deus. "Nele" podemos nos tornar justos, nele podemos mudar, se aceitarmos a graça de Deus e não permitirmos que esse "tempo favorável" passe em vão (ver 2 Cor 6:2). Por favor, paremos um pouco e deixemo-nos reconciliar com Deus.

Celebrar o sacramento da reconciliação significa ser envolvido por um abraço: é o abraço de infinita misericórdia do Pai. Recordemos aquela belíssima parábola do filho que deixou sua casa com o dinheiro de sua herança. Ele perdeu todo o dinheiro, e, então, quando não tinha mais nada, decidiu voltar para casa, não como um filho, mas como um servo. Seu coração estava cheio de culpa e vergonha. Foi uma surpresa quando ele começou a falar, a pedir perdão. Seu pai não o deixou falar; abraçou-o, beijou-o, e começou a festejar. É o que estou lhes dizendo: cada vez que vamos para a confissão, Deus nos abraça. Deus se alegra! Sigamos em frente nessa estrada.

Na Igreja, o Deus que encontramos não é um juiz implacável; é como o pai da parábola evangélica. Vocês podem ser como o filho que saiu de casa, que mergulhou nas profundezas mais afastadas do Evangelho. Quando tiverem força para dizer "Quero voltar para casa", vocês vão encontrar a porta aberta. Deus virá para encontrá-los porque ele está sempre esperando por vocês. Deus está sempre esperando por vocês, Deus os abraça, beija e festeja. É assim que o Senhor é, é assim a ternura de nosso Pai Celestial.

[O pai da parábola] ia todos os dias ver se seu filho estava voltando para casa: esse é nosso Pai misericordioso. Isso indica que ele estava esperando, ansioso por seu filho, no terraço de sua casa. Deus pensa como o samaritano, que não passou reto pelo homem infeliz, que não o olhou com pena nem o fitou do outro lado da estrada, e o ajudou sem pedir nada em troca, sem perguntar se ele era judeu, pagão ou samaritano; se era rico ou pobre: não pediu nada. Ele foi ajudá-lo; Deus é assim. Deus pensa como o pastor que dá a vida para defender e salvar suas ovelhas.

Alguém pode dizer: "Eu me confesso somente a Deus." Sim, vocês podem dizer a Deus "perdoai-me" e confessar seus pecados, mas nossos pecados também são cometidos contra os irmãos e contra a Igreja. Por isso, é necessário pedir perdão à Igreja e aos irmãos, na pessoa do sacerdote. "Mas, padre, tenho vergonha..." Vergonha também é bom; é saudável sentir um pouco de vergonha, porque ter vergonha é salutar. No meu país, quando uma pessoa não sente vergonha, dizemos que ele é *sinvergüenza*, sem-vergonha. Mas a vergonha também faz bem, porque nos faz mais humildes, e o sacerdote recebe essa confissão de amor e ternura e nos perdoa, em nome de Deus. Além disso, do ponto de vista humano, para se aliviar, é bom falar com um irmão, contar ao padre as coisas que estão pesando muito em seu coração. E vocês sentem que estão se desonerando com a Igreja e com seu irmão diante de Deus.

A reconciliação é um sacramento de cura. Quando vou me confessar, é para ser curado: para curar minha alma, para curar meu coração, para ser curado de alguma transgressão. O ícone bíblico que melhor expressa isso em seu vínculo profundo é o episódio do perdão e cura do paralítico, no qual o Senhor Jesus se revela médico não só das almas, mas também dos órgãos (ver Mc 2:1-12; Mt 9:1-8; Lc 5:17-26).

O perdão dos nossos pecados não é algo que nós mesmos podemos nos dar. Não posso dizer: "Eu perdoo meus pecados." O perdão é pedido, é solicitado a outro, e na confissão pedimos perdão a Jesus. O perdão não é fruto de nossos próprios esforços, é uma dádiva, uma dádiva do Espírito Santo, que nos preenche com a fonte da misericórdia e da graça que flui incessantemente do coração aberto de Cristo crucificado e ressuscitado. Em segundo lugar, Jesus nos recorda de que só podemos estar realmente em paz quando nos permitimos ser reconciliados no Senhor Jesus, com o Pai e com o próximo. E todos nós sentimos isso em nosso coração depois de ir à confissão com a alma pesada, com certa tristeza; quando recebemos o perdão de Jesus, nos sentimos em paz, com aquela paz de alma que é tão bonita e que só Jesus pode nos dar. Só ele.

Jesus deu aos apóstolos o poder de perdoar pecados. É um pouco difícil entender como um homem pode perdoar pecados, mas Jesus dá esse poder. *A Igreja é depositária do poder das chaves,* do poder de abertura ou fechamento do perdão. Deus, em sua misericórdia soberana, perdoa todos os homens, mas ele mesmo quis que aqueles que pertencem a Cristo e à Igreja recebam o perdão por meio dos ministros da comunidade. Por meio do ministério apostólico a misericórdia de Deus me atinge, minhas faltas são perdoadas e a alegria me é concedida. Desse modo, Jesus nos chama a viver a reconciliação na dimensão — comunidade — eclesiástica também. E isso é muito bonito. A Igreja, que é santa, e ao mesmo tempo tem necessidade de penitência, acompanha-nos ao longo da vida no caminho de conversão. A Igreja não é dona do poder das chaves, ela é um servo do ministério da misericórdia, e se alegra toda vez que pode oferecer essa dádiva divina.

Não tenham medo da confissão! Quando está na fila da confissão, a pessoa sente todas essas coisas, até vergonha, mas, depois, quando acaba de se confessar, sai livre, grande, bonita, perdoada, cândida, feliz. Essa é a beleza da confissão. Quando foi a última vez que vocês se confessaram? Pensem... Dois dias, duas semanas, dois anos, vinte anos, quarenta anos? Se muito tempo se passou, não percam nem mais um dia. Vão, o padre vai ser bom. Jesus está lá, e ele é mais benevolente que os padres. Jesus os recebe; recebe-os com muito amor. Sejam corajosos, vão se confessar!

Talvez muitos não entendam a dimensão eclesiástica do perdão, porque o individualismo e o subjetivismo sempre predominam, e até mesmo nós, cristãos, somos afetados por isso. Certamente, Deus perdoa cada pecador penitente — pessoalmente —, mas o cristão está ligado a Cristo, e Cristo está unido à Igreja. Para nós, cristãos, existe mais uma dádiva; e outro dever também: atravessar humildemente a comunidade eclesiástica. Temos que dar valor a isso; isso é um dom, uma cura, uma proteção, bem como a garantia de que Deus me perdoou. Vou até meu irmão sacerdote e digo: "Padre, eu fiz tal e tal..." E ele responde: "Mas eu o perdoo; Deus o perdoa." Nesse momento, eu tenho certeza de que Deus me perdoou! E isso é bonito; isso é ter a certeza de que Deus nos perdoa sempre. Ele não se cansa de nos perdoar. E nós nunca devemos nos cansar de ir a ele para lhe pedir perdão.

Há um ícone bíblico que expressa, em toda a sua profundeza, o mistério que brilha na unção dos enfermos. É a parábola do bom samaritano contida no Evangelho de Lucas (10:30-35). Cada vez que celebramos esse sacramento, o Senhor Jesus, na pessoa do sacerdote, aproxima-se daquele que sofre, que é idoso ou está gravemente doente. A parábola diz que o bom samaritano cuida do sofredor derramando-lhe óleo e vinho nas feridas. O óleo nos remete ao fato de que é abençoado pelo bispo todos os anos na missa crismal da Quinta-feira Santa, justamente tendo em vista a unção dos enfermos. O vinho, no entanto, é um símbolo do amor e da graça de Cristo, que fluem da dádiva de sua vida por nós e são expressos em toda a sua riqueza na vida sacramental da Igreja. Por fim, a pessoa que sofre é confiada a um estalajadeiro, para que este possa continuar a cuidar dela, não poupando nenhuma despesa. Agora, quem é esse estalajadeiro? É a Igreja, a comunidade cristã — nós —, a quem, a cada dia, o Senhor confia aqueles que estão aflitos de corpo e espírito, para que possamos prodigalizar toda a sua misericórdia e salvação sobre eles, sem medida.

Essa instrução é repetida de forma explícita e precisa na carta de São Tiago (5:14-15), onde ele recomenda: "Está alguém entre vós doente? Chame os presbíteros da igreja, e orem estes sobre ele, ungindo-o com azeite em nome do Senhor; e a oração da fé salvará o doente, e o Senhor o levantará; se ele houver cometido pecados, ser-lhe-ão perdoados." Era, portanto, uma prática que já ocorria no tempo dos apóstolos. Jesus, de fato, ensinou seus discípulos a ter o mesmo amor preferencial que ele pelos doentes e sofredores, e transmitiu-lhes a capacidade e o dever de continuar a prestar, em seu nome e segundo seu coração, alívio e paz por meio da graça especial desse sacramento. No entanto, isso não deve nos levar a uma busca obsessiva por milagres, ou à presunção de que podemos sempre e em qualquer situação ser curados. Ao contrário, é a garantia da proximidade de Jesus aos doentes e idosos também, porque qualquer pessoa idosa, qualquer pessoa com idade superior a 65 anos, pode receber esse sacramento, por meio do qual o próprio Jesus se aproxima de nós.

Mas quando alguém está doente e dizemos "Vamos chamar o padre", às vezes pensamos: Não, ele vai trazer azar. Não vamos chamá-lo, senão, ele vai assustar o doente. Por que pensamos isso? Porque existe a ideia de que os agentes funerários chegam depois do padre. E isso não é verdade. O padre vem para ajudar o doente ou idoso; é por isso que a visita do padre aos doentes é tão importante. Devemos chamar o padre para o doente e dizer: "Venha, dê-lhe a unção, que Deus o abençoe." É o próprio Jesus que vem para aliviar o doente, para lhe dar força, para lhe dar esperança, para ajudá-lo, e também para perdoar seus pecados. E isso é muito bonito! E não devemos pensar que isso é um tabu, porque, no momento de dor e de doença, é sempre bom saber que não estamos sozinhos. O sacerdote e os que estão presentes durante a unção dos enfermos, na verdade, representam toda a comunidade cristã, que, como um só corpo, se reúne ao redor de quem sofre, e também de sua família, alimentando sua fé e esperança e dando-lhe apoio com suas orações e calor fraternal.

Mas o maior conforto vem do fato de que é o Senhor Jesus que se faz presente no sacramento, que nos toma pela mão, que nos acaricia, como fez com o doente, e que nos recorda de que já pertencemos a ele e de que nada — nem mesmo o mal e a morte — poderá jamais nos separar dele. Acaso temos o hábito de chamar o padre para que ele possa ir aos nossos doentes — e não estou falando daqueles que passam três ou quatro dias gripados e sim de uma doença séria —, aos nossos idosos, e dar-lhes esse sacramento, esse conforto, essa força de Jesus para continuar? Façamos isso!

E eu lhes digo, de verdade: fico triste quando deparo com pessoas que não mais se confessam porque foram repreendidas. Elas se sentem como se as portas da Igreja tivessem sido fechadas em sua cara! Por favor, não façam isso. Misericórdia, misericórdia! O bom pastor entra pela porta, e as portas da misericórdia são as feridas do Senhor. Se vocês não entrarem em seu ministério pelas feridas do Senhor, não serão bons pastores.

Todos eles têm algo em comum conosco: são imagens de Deus; eles são filhos de Deus. [Devemos] sair para atender a todos, sem perder de vista nossa própria posição. Há outro ponto importante: o encontro com o pobre. Quando damos um passo para fora de nós mesmos, encontramos a pobreza. Hoje — dói o coração dizer isso —, saber que um vagabundo morreu de frio não é mais notícia. Hoje, o que é notícia, talvez, é um escândalo. Um escândalo, ah, isso é notícia! Hoje, o fato de que um grande número de crianças não tem nada para comer não é notícia. Isso é sério; isso é sério! Não podemos nos conformar com isso! No entanto, é assim que as coisas são. Não podemos nos tornar cristãos engomadinhos, cristãos eruditos que falam de questões teológicas enquanto tranquilamente saboreiam um chá. Não! Devemos nos tornar cristãos corajosos e ir em busca das pessoas que são a própria carne de Cristo — aquelas que são a carne de Cristo! Se alguém entende seu irmão [...] ama seu irmão, porque perdoa; compreende, perdoa, é paciente... Isso é amor ou ódio? Devemos ter certeza disso. E devemos pedir ao Senhor duas graças. A primeira: saber o que está em nosso coração, não nos enganarmos, não vivermos na mentira. A segunda graça: fazer o que é bom em nosso coração e não fazer o mal que está em nosso coração. Quanto a "assassinato", lembre-se que as palavras podem matar. Até mesmo a má vontade para com o outro mata. Muitas vezes, quando ouvimos as pessoas falando, dizendo coisas ruins sobre os outros, parece o pecado da calúnia. O pecado da difamação havia sido removido dos Dez Mandamentos, mas falar mal de uma pessoa ainda é pecado. Por que é um pecado falar mal dos outros? Porque há ódio em meu coração; aversão, não amor. Devemos sempre pedir essa graça: saber o que está acontecendo em nosso coração, fazer constantemente a escolha certa, a escolha para o bem. E que o Senhor nos ajude a amarmos uns aos outros. Se eu puder amar o outro, por que não? Orem pela pessoa, orem para que o Senhor os faça amá-la. E assim avançamos, lembrando que o que contamina nossa vida é o mal, que vem de nosso coração. E que o Senhor possa nos ajudar.

Pensem nas fofocas [entre os seguidores de Jesus] depois que ele chamou Mateus: ele se associa com pecadores (ver Mc 2:16)! Ele vem para nós quando reconhecemos que somos pecadores. Mas se formos como o fariseu diante do altar, que disse "Eu te agradeço, Senhor, por não ser como os outros homens, e especialmente não como esse na porta, como aquele publicano" (ver Lc 18:11-12), é porque não conhecemos o coração do Senhor e nunca teremos a alegria de viver essa misericórdia! Não é fácil se entregar à misericórdia de Deus, porque é um abismo além de nossa compreensão. Mas devemos fazê-lo! "Oh, padre, se conhecesse minha vida, não me diria isso!" "Por quê, o que você fez?" "Oh, eu sou um grande pecador!" "Melhor ainda! Vá para Jesus: ele gosta que lhe diga essas coisas." Jesus esquece — ele tem uma capacidade muito especial de esquecer! Ele esquece, ele nos beija, abraça, e simplesmente nos diz: "Nem eu te condeno; vai e não tornes a pecar" (Jo 8:11). Esse é o único conselho que ele nos dá. Depois de um mês, se continuarmos na mesma situação... voltemos para o Senhor. O Senhor não se cansa de perdoar: nunca! Nós é que nos cansamos de pedir seu perdão. Peçamos a graça de não nos cansarmos de pedir perdão, porque ele não se cansa de perdoar. Peçamos essa graça.

Eu gostaria de enfatizar mais uma coisa: a paciência de Deus suscita em nós a *coragem de voltar a ele*; no entanto, pode haver muitos erros e pecados em nossa vida. Jesus diz a Tomé que coloque a mão nas feridas de suas mãos e de seus pés e em seu flanco. Nós também podemos entrar nas feridas de Jesus; podemos realmente tocá-lo. Isto acontece cada vez que recebemos os sacramentos com fé. São Bernardo, em uma excelente homilia, disse: "Através das feridas de Jesus posso extrair o mel da rocha e azeite da pedra dura (ver Dt 32:13), posso provar e ver a bondade do Senhor" (*o Cântico dos Cânticos* 61:4). É ali, nas feridas de Jesus, que estamos verdadeiramente seguros; lá encontramos o amor infinito de seu coração. Tomé entendeu isso. São Bernardo passa a perguntar: Mas o que posso contar? Meus próprios méritos? Não. "Meu mérito é a misericórdia de Deus. Jamais me faltarão méritos enquanto ele for rico em misericórdia. Se as misericórdias do Senhor são múltiplas, eu também serei abundante nos méritos" (61:5).

Isto é importante: a coragem de confiar na misericórdia de Jesus, de confiar em sua paciência, procurar refúgio sempre nas feridas do seu amor. São Bernardo ainda afirmou: "E se minha consciência me corroer por meus muitos pecados? 'Mas onde abundou o pecado, superabundou a graça' (Rm 5:20)" (61:5). Talvez alguém aqui entre nós esteja pensando: *Meu pecado é tão grande, estou tão longe de Deus quanto o filho mais novo da parábola; minha falta de fé é como a de Tomé. Eu não tenho coragem de voltar, de acreditar que Deus pode me receber e que ele está, dentre todas as pessoas, esperando por mim.* Mas Deus está de fato esperando por vocês; ele só lhes pede a coragem de ir a ele. Quantas vezes, em meu ministério pastoral, eu ouvi dizer: "Padre, tenho muitos pecados." E eu sempre implorei: "Não tenha medo, vá para ele, ele está esperando por você, ele vai cuidar de tudo." Ouvimos muitas ofertas do mundo que nos rodeia; mas aceitemos a oferta de Deus: a dele é uma carícia de amor. Para Deus, nós não somos números; nós somos importantes; na verdade, somos a coisa mais importante para ele. Mesmo sendo pecadores, somos o que há de mais próximo de seu coração.

Jesus nos desafia [...] a levar a sério sua aproximação da vida e a decidir qual caminho é certo para nós e conduz à verdadeira alegria. Esse é o grande desafio da fé. Jesus não tinha medo de perguntar a seus discípulos se eles realmente o queriam seguir, ou se preferiam tomar outro caminho (ver Jo 6:67). Simão Pedro teve a coragem de responder: "Senhor, para quem iremos nós? Tu tens as palavras da vida eterna" (Jo 6:68). Se vocês também forem capazes de dizer sim a Jesus, sua vida se tornará, ao mesmo tempo, significativa e frutífera.

3
A PACIÊNCIA DE DEUS PARA CONOSCO

A origem da escuridão que envolve o mundo se perde na noite dos tempos. Vamos pensar naquele momento obscuro quando o primeiro crime da humanidade foi cometido, quando a mão de Caim, cego de inveja, matou seu irmão Abel (ver Gn 4:8). Como resultado, o desenrolar dos séculos tem sido marcado pela violência, guerras, ódio e opressão. Mas Deus, que colocou uma sensação de expectativa dentro de nós, que somos feitos à sua imagem e semelhança, estava esperando. Deus estava esperando. Ele esperou por tanto tempo que talvez, a certa altura, devesse ter desistido. Mas ele não podia desistir porque não podia negar a si mesmo (ver 2 Tm 2:13). Por isso, ele continuou esperando pacientemente, em face da corrupção da humanidade e dos povos. A paciência de Deus... Como é difícil compreender isso: a paciência de Deus para conosco.

Na Bíblia, Deus sempre aparece como aquele que toma a iniciativa no encontro com a humanidade. É o que busca o homem, e, em geral, procura-o justamente quando o homem se encontra no momento amargo e trágico de trair Deus e fugir dele. Deus não espera para procurá--lo; procura-o imediatamente. Nosso Pai procura com paciência! Ele vai à nossa frente, e nos espera sempre. Ele não se cansa de nos esperar; nunca está longe de nós, mas tem paciência para esperar o melhor momento para atender a cada um de nós. Quando o encontro acontece, nunca é apressado, porque Deus quer permanecer longamente conosco, para nos sustentar, para nos consolar, para nos dar sua alegria. Deus se apressa a nos encontrar, mas nunca corre para nos deixar. Ele fica conosco. Assim como ansiamos por ele e o desejamos, ele também deseja estar conosco, para que possamos pertencer a ele. Somos "parte dele", somos suas criaturas. Podemos dizer que Deus tem sede de nós, de nosso encontro. Nosso Deus tem sede de nós. E esse é o coração de Deus.

A Palavra de Deus montou sua tenda entre nós, pecadores que precisam de misericórdia. E todos nós devemos nos apressar para receber a graça que ele nos oferece. Mas prossegue o Evangelho de São João: "[...] mas os seus não o receberam" (1:11). Nós o rejeitamos muitas vezes, preferimos permanecer fechados em nossos erros e na ansiedade de nossos pecados. Mas Jesus não desiste, e nunca deixa de nos oferecer a si mesmo e a sua graça, que nos salva! Jesus é paciente; ele sabe esperar, e ele espera por nós, sempre. Essa é uma mensagem de esperança, uma mensagem de salvação, antiga e sempre nova. E nós somos chamados a testemunhar com alegria essa mensagem do Evangelho da vida, o Evangelho de luz, de esperança e de amor. Pois a mensagem de Jesus é esta: vida, luz, esperança e amor.

Jesus é todo misericórdia. Jesus é todo amor: ele é Deus feito homem. Cada um de nós é aquele cordeirinho perdido, a moeda extraviada; cada um de nós é aquele filho que desperdiçou sua liberdade com falsos ídolos, ilusões de felicidade, e perdeu tudo. Mas Deus não se esquece de nós; o Pai nunca nos abandona. Ele é um pai paciente, sempre nos esperando! Ele respeita nossa liberdade, e permanece fiel para sempre. E quando voltamos a ele, acolhe-nos como filhos em sua casa, pois ele nunca deixa, nem por um instante, de nos esperar com amor. E seu coração se alegra com cada filho que retorna. E comemora, porque ele é a alegria. Deus sente essa alegria quando um de nós, pecadores, vai a ele e pede seu perdão.

[Recordemos] Pedro: três vezes ele negou Jesus, justamente quando deveria ter sido mais próximo a ele; e quando atingiu o fundo, encontrou o olhar de Jesus, que, pacientemente, sem palavras, lhe disse: "Pedro, não tem medo de tua fraqueza, confia em mim." Pedro entendeu, sentiu o olhar de amor de Jesus, e chorou. Como é lindo o olhar de Jesus! Quanta ternura há nele! Irmãos e irmãs, nunca percamos a confiança na paciência e na misericórdia de Deus!

Jesus, quando na cruz, ouviu-os desafiá-lo: "Desce, desce!" Foi paciente até o fim, porque ele tem paciência conosco. Ele sempre nos abraça, está envolvido conosco, mas faz isso à sua própria maneira, e quando acha que é o melhor. Ele nos diz exatamente o que [o Senhor] disse a Abraão: Ande em minha presença e seja perfeito, irrepreensível. Essa é exatamente a palavra certa. Ande em minha presença e tente ser irrepreensível. Essa é a jornada com o Senhor, e ele intervém. Mas temos que esperar, esperar o momento, caminhando sempre em sua presença e tentando ser irrepreensíveis. Peçamos essa graça da parte do Senhor: de andar sempre em sua presença, tentando ser inocentes.

O Evangelho nos apresenta o episódio da mulher adúltera (Jo 8:1-11), a quem Jesus salva da condenação à morte. A atitude de Jesus é impressionante: não ouvimos palavras de escárnio, não ouvimos palavras de condenação, somente palavras de amor e de misericórdia, que são um convite à conversão. "Nem eu te condeno; vai e não tornes a pecar" (Jo 8:11). Ah! Irmãos e irmãs, a face de Deus é o rosto de um pai misericordioso, sempre paciente. Já pararam para pensar na paciência de Deus, na paciência que ele tem com cada um de nós? Essa é sua misericórdia. Ele sempre tem paciência — paciência conosco. Ele nos entende, ele nos espera, não se cansa de nos perdoar, se formos capazes de voltar a ele com um coração contrito. "Grande é a misericórdia de Deus", diz o salmo.

O apóstolo Tomé pessoalmente experimenta [a] misericórdia de Deus, que tem um rosto concreto: o rosto de Jesus, o Jesus ressuscitado. Tomé não acredita quando os outros apóstolos lhe dizem "Nós vimos o Senhor". Não é suficiente para ele que Jesus houvesse predito, prometido isso: "No terceiro dia, ressuscitarei." Ele quer ver, quer pôr a mão no lugar dos pregos e no lado de Jesus. E como Jesus reage? Com paciência: Jesus não abandona Tomé em sua obstinada incredulidade; ele lhe dá uma semana. Ele não fecha a porta; espera. E Tomé reconhece sua própria pobreza, sua pouca fé: "Meu Senhor e meu Deus!" Com essa invocação simples, mas cheia de fé, ele responde à paciência de Jesus. Deixa-se envolver pela misericórdia divina; ele a vê diante dos seus olhos, nas feridas das mãos e dos pés de Cristo e em seu flanco aberto, e descobre confiança. Ele é um novo homem, não mais incrédulo, mas sim um crente.

Pensemos também nos dois discípulos no caminho de Emaús: os rostos tristes, sua jornada estéril, seu desespero. Mas Jesus não os abandona: ele anda ao lado deles, e não só isso! Pacientemente, explica as Escrituras que falavam dele, e fica para compartilhar uma refeição com eles. Esse é o jeito de Deus fazer as coisas: ele não é impaciente como nós, que muitas vezes queremos tudo de uma vez, mesmo em nossas relações com outras pessoas. Deus é paciente conosco porque nos ama, e aqueles que amam são capazes de entender, de esperar, de inspirar confiança. Eles não desistem, não queimam pontes; eles são capazes de perdoar. Lembremos isso em nossa vida como cristãos: Deus sempre espera por nós, mesmo quando nós o deixamos para trás! Ele nunca está longe de nós, e se voltarmos a ele, estará pronto para nos abraçar.

Nossa vida é, algumas vezes, semelhante à do cego que se abriu para a luz, que se abriu para Deus, que se abriu para a graça de Deus. Às vezes, infelizmente, nossa vida é semelhante à dos doutores da lei: do alto de nosso orgulho julgamos os outros, e até mesmo o Senhor! Hoje, somos convidados a nos abrir para a luz de Cristo, a fim de produzir frutos em nossa vida, eliminar comportamentos não cristãos; todos nós somos cristãos, mas todo mundo, às vezes, tem comportamentos não cristãos — comportamentos que são pecados. Devemos nos arrepender disso, eliminar esses comportamentos, a fim de fazer uma boa jornada pelo caminho da santidade, que tem sua origem no batismo. Nós também fomos "iluminados" por Cristo no batismo, e por isso, como nos recorda são Paulo, podemos agir como "filhos da luz" (Ef 5:8), com humildade, paciência e misericórdia.

A liturgia propõe várias parábolas evangélicas — ou seja, contos que Jesus usou para anunciar às multidões o Reino dos Céus. Entre esses contos há um bastante complexo, que Jesus explicou aos discípulos: o do grão bom e a erva daninha, uma história que trata do problema do mal no mundo e chama a atenção para a paciência de Deus (cf. Mt 13:24-30, 36-43). A história se passa em um campo onde o proprietário semeia grãos, mas, durante a noite, o inimigo vem e semeia "ervas daninhas", um termo que em hebraico deriva da mesma raiz que o nome *Satanás*, e que faz alusão ao conceito de divisão. Nós todos sabemos que o demônio é um "semeador de ervas daninhas", que sempre procura semear a divisão entre indivíduos, famílias, nações e povos. Os servos queriam arrancar as ervas daninhas imediatamente, mas o dono do campo os deteve, explicando que, "arrancando o joio, arriscais a tirar também o trigo" (Mt 13:29). Porque todos nós sabemos que uma erva daninha, quando cresce, parece muito um bom grão, e há o risco de confundi-los.

O ensinamento da parábola é duplo. Antes de mais nada, diz que o mal no mundo *não vem de Deus, e sim de seu inimigo, o maligno*. É curioso o fato de que o maligno vem à noite semear ervas daninhas, no escuro, na confusão; ele vai aonde não há luz para semear confusão e divisão. Esse inimigo é astuto: ele semeia o mal no meio do bem; portanto, para nós, é impossível separá-los claramente. Mas Deus, no fim, será capaz de fazê-lo.

E aqui chegamos ao segundo tema: a justaposição da impaciência dos servos e a *paciente espera* do dono do campo, que representa Deus. Às vezes temos grande pressa em julgar, categorizar, de colocar o bom aqui e o ruim ali... Mas lembrem-se da oração daquele homem hipócrita: "Graças te dou, oh, Deus, que não sou como os demais homens: ladrões, injustos e adúlteros" (Lc 18:11-12). Deus, porém, sabe esperar. Com paciência e misericórdia, ele olha para o "campo" da vida de cada pessoa. Ele vê muito melhor que nós a sujeira e o mal, mas também vê as sementes do bem, e espera com confiança que cresçam. Deus sabe esperar. Isso é tão bonito! Nosso Deus é um pai paciente, que sempre nos aguarda e espera, com o coração aberto, para nos receber, para nos perdoar. Ele sempre nos perdoa, quando vamos a ele.

A atitude do dono do campo é de esperança, fundamentada na certeza de que o mal não tem a primeira nem a última palavra. E é graças a essa paciente esperança de Deus que a mesma erva daninha, que é o coração malicioso, com tantos pecados, pode se tornar um bom grão no final. Mas, cuidado: a paciência evangélica não é indiferença ao mal — não devemos confundir o bem com o mal! Ao enfrentar as ervas daninhas no mundo, o discípulo do Senhor é chamado a imitar a paciência de Deus, a nutrir a esperança com o apoio da indestrutível confiança na vitória final do bem, isto é, a vitória de Deus.

No final, de fato, o mal será removido e eliminado: no momento da colheita — ou seja, do julgamento —, os coletores seguirão as ordens do dono do campo, separando o joio para queimá-lo (ver Mt 13:30). No dia da colheita final, *o juiz será Jesus*, aquele que semeou bons grãos no mundo e que se tornou o "grão de trigo" que morreu e ressuscitou. No final, todos serão julgados pela mesma medida com que julgamos: *a misericórdia que mostramos aos outros também será mostrada a nós*. Peçamos a Nossa Senhora, nossa Mãe, que nos ajude a crescer na paciência, na esperança e na misericórdia com todos os irmãos e irmãs.

O Senhor sempre escolhe seu caminho para entrar em nossa vida. Muitas vezes, ele o faz tão devagar, tão lentamente que corremos o risco de perder um pouco a paciência. Mas, Senhor, quando? E oramos... Ou quando pensamos no que o Senhor nos prometeu, que é uma coisa tão grande, e não acreditamos; somos um pouco céticos, como Abraão era. Sim, houve um pouco de ceticismo: *Eu? Tenho quase 100 anos de idade, como eu e minha esposa de 90 teremos um filho?*

O Senhor não tem pressa. Mas até mesmo ele, nessa relação conosco, tem muita paciência. Ele espera por nós. E ele espera por nós até o fim da vida! Pensem no bom ladrão na cruz, ao lado da cruz de Jesus. No final, bem no final, ele reconheceu Deus. O Senhor caminha conosco, mas muitas vezes não se revela, como no caso dos discípulos de Emaús. O Senhor está envolvido em nossa vida — isso é certeza! Mas muitas vezes nós não vemos. Isso exige nossa paciência. Mas o Senhor, que caminha ao nosso lado, também tem muita paciência conosco.

Deus nos pede fidelidade e paciência. Fidelidade como a de Daniel, que era fiel a seu Deus e que o adorou até o fim. E paciência, porque cada fio de cabelo em sua cabeça é contado, como o Senhor prometeu.

[Ouvir] sempre exige a paciência de quem sabe muito bem o que Santo Tomás de Aquino nos diz: qualquer um pode ter graça e caridade e, ainda assim, hesitar no exercício das virtudes por causa de persistentes "inclinações contrárias". Em outras palavras, a unidade orgânica das virtudes sempre e necessariamente existe *in habitu*, apesar de as formas de condicionamento poderem dificultar as operações desses hábitos virtuosos. Daí a necessidade de uma "pedagogia que apresentará as pessoas, passo a passo, à apropriação completa do mistério". Alcançar um nível de maturidade na qual os indivíduos possam tomar decisões verdadeiramente livres e responsáveis exige muito tempo e paciência. Como [São] Pedro Faber dizia: "O tempo é o mensageiro de Deus."

"O Senhor que caminha com Deus também é o Senhor da paciência": a paciência "que ele teve com todas essas gerações, com todas essas pessoas que viveram sua história de graça e pecado". "Deus é paciente, Deus caminha conosco", porque ele quer que todos nós sejamos a imagem de seu Filho." "Do momento, na Criação, em que ele nos deu liberdade — não independência —, até hoje, ele continua a jornada."

Acima de tudo, um amor que é paciente: a paciência é uma virtude de Deus, e ele nos ensina, amorosamente, a cultivá-la na vida familiar, como sermos pacientes uns com os outros. Como sermos pacientes entre nós. Um amor paciente. Só Deus sabe como criar a harmonia nas diferenças. Mas se o amor de Deus está ausente, a família perde sua harmonia, o egocentrismo prevalece e a alegria desaparece. Mas a família que experimenta a alegria da fé comunica-a naturalmente. Essa família é o sal da terra e a luz do mundo; é o fermento da sociedade como um todo.

"Mas, padre, eu trabalho em uma fábrica. Eu sou contador, trabalho só com números; não dá para ser um santo lá." Sim, sim, vocês podem! Lá onde trabalham, vocês podem se tornar santos. Deus lhes dá a graça para se tornarem santos. Deus se comunica com vocês. Sempre, em todo lugar, a pessoa pode se tornar santa — ou seja, pode se abrir a essa graça, que opera dentro de nós e nos leva à santidade. Vocês são pais ou avós? Sejam santos ao apaixonadamente ensinar seus filhos ou netos a conhecer e seguir Jesus. E isso requer muita paciência: ser um bom pai, um bom avô, uma boa mãe, uma boa avó. Isso exige muita paciência, e exercitando a paciência alcançamos a santidade. Vocês são catequistas, educadores ou voluntários? Sejam santos tornando-se um sinal visível do amor de Deus e de sua presença ao nosso lado. É isso: cada estado de vida leva à santidade, sempre! Em sua casa, na rua, no trabalho, na igreja, neste momento e em seu estado de vida, o caminho para a santidade foi aberto. Não desanimem, prossigam nesse caminho. Somente Deus nos dá a graça. O Senhor pede apenas isso: que estejamos em comunhão com ele e ao serviço de nossos irmãos e de nossas irmãs.

O amor de Deus sempre vem antes do nosso! Ele sempre toma a iniciativa. Ele espera por nós, ele nos convida, e a iniciativa é sempre dele. Jesus é Deus feito homem, feito carne; ele nasceu para nós. A nova estrela que apareceu para os Magos era um sinal do nascimento de Cristo. Se eles não houvessem visto a estrela, não a teriam seguido. A luz vai adiante de nós, a verdade vai adiante de nós, a beleza nos precede. Deus nos precede. O profeta Isaías disse que Deus é como a flor da amendoeira. Por quê? Porque naquela região a amendoeira é a primeira a florir. E Deus vai sempre diante de nós. Ele é sempre o primeiro a nos procurar, ele dá o primeiro passo. Deus vai sempre à nossa frente. Sua graça nos precede, e essa graça apareceu em Jesus. *Ele é a Epifania.* Ele, Jesus Cristo, é a manifestação do amor de Deus. Conosco.

4

JESUS RESSUSCITOU! NÓS O VIMOS!

O sentimento dominante que resplandece dos relatos dos Evangelhos sobre a Ressurreição é de alegria, cheia de fascinação; mas uma grande fascinação! Alegria que vem de dentro! E na liturgia revivemos o estado de espírito dos discípulos diante da notícia que as mulheres haviam levado: Jesus ressuscitou! Nós o vimos! Toda revelação divina é fruto do diálogo entre Deus e seu povo, e inclusive a fé na Ressurreição está ligada a esse diálogo, que acompanha a jornada do povo de Deus na história. Não é de espantar que um mistério tão grande, tão decisivo, tão sobre-humano como o da Ressurreição requeira toda a jornada, todo o tempo necessário, até Jesus Cristo. Ele pode dizer "Eu sou a Ressurreição e a vida" (Jo 11:25) porque nele esse mistério não só é revelado em sua plenitude como também ocorre, acontece, e se torna pela primeira vez, e para sempre, realidade. O Evangelho que ouvimos — a história da morte de Jesus e a do túmulo vazio — representa a culminação de toda essa jornada. O evento da Ressurreição responde à longa busca do Povo de Deus, à busca de cada pessoa e da humanidade inteira.

[Na] profissão de fé no Novo Testamento, só os homens são registrados como testemunhas da Ressurreição. Os apóstolos, mas não as mulheres. Isso porque, de acordo com a lei judaica da época, mulheres e crianças não podiam dar um testemunho digno de confiança, crível. Mas, nos Evangelhos, as mulheres desempenham um papel fundamental de guias. Aqui, podemos compreender um elemento em favor da historicidade da Ressurreição: se fosse um evento inventado, no contexto daquela época não teria sido associado à evidência de mulheres. Mas os Evangelistas simplesmente recontaram o que aconteceu: as mulheres foram as primeiras testemunhas. Isso significa que Deus não escolhe de acordo com critérios humanos. As primeiras testemunhas do nascimento de Jesus foram pastores — pessoas simples, humildes; as primeiras testemunhas da Ressurreição foram mulheres. E isso é bonito. Isso é parte da missão das mulheres! Testemunhar a seus filhos e a seus netos que Jesus está vivo; está vivo, ressuscitou. Mães e mulheres, continuem a testemunhar isso! Para Deus, é o coração que conta: o modo como estamos abertos a ele, como filhos confiantes.

Toda revelação divina é fruto do diálogo entre Deus e seu povo, e inclusive a fé na Ressurreição está ligada a esse diálogo, que acompanha a jornada do povo de Deus na história.

Mas voltemos ao Evangelho, às mulheres, e sigamos um passo adiante. Elas encontram o túmulo vazio; o corpo de Jesus não está lá; algo novo aconteceu, mas nada disso lhes diz nada ao certo ainda. Pelo contrário, levanta questões; deixa-as confusas, não oferece uma resposta. E, de repente, há dois homens com roupas deslumbrantes que dizem: "Por que buscais entre os mortos aquele que está vivo? Não está aqui; mas ressuscitou" (Lc 24:5-6). O que era um simples ato, feito certamente por amor — ir ao sepulcro —, transforma-se em um evento, um evento marcante. Nada permanece como era antes, não só na vida dessas mulheres mas também em nossa própria vida, e na história da humanidade.

Depois da aparição para as mulheres, outras aparições se seguem. Jesus se faz presente de uma maneira nova: ele é o Crucificado, mas seu corpo é glorificado. Ele não volta à vida terrena, mas volta, em uma nova condição. No início, elas não o reconhecem, e é somente por meio de suas palavras e de seus gestos que seus olhos são abertos. O encontro com o Ressuscitado transforma; dá nova força e um alicerce firme à fé.

Jesus não está morto, ele ressuscitou, está *vivo*! Ele não se limita a voltar à vida; ao contrário, ele é a própria vida, porque é o Filho de Deus, do *Deus vivo* (ver Nm 14:21-28; Dt 5:26; Js 3:10). Jesus já não pertence ao passado, mas vive no presente e se projeta ao futuro; Jesus é o eterno "hoje" de Deus. É assim que a novidade de Deus aparece para as mulheres, os discípulos e todos nós: como vitória sobre o pecado, o mal e a morte — sobre tudo que esmaga a vida e a faz parecer menos humana.

Precisamos ouvir a nós mesmos repetindo a advertência dos anjos e lembrarmos uns aos outros. Essa advertência: "Por que buscais entre os mortos aquele que está vivo?" nos ajuda a deixar para trás nossa tristeza vazia e nos abre para os horizontes de alegria e esperança. Essa esperança, que afasta as pedras dos túmulos e nos incentiva a anunciar a Boa-nova, é capaz de gerar uma nova vida para os outros. Repitamos a frase dos anjos a fim de mantê-la em nosso coração e memória, e deixemos que todos respondam em silêncio: "Por que buscais entre os mortos aquele que está vivo?" Vamos repeti-la! [...] Vejam, irmãos e irmãs, ele está vivo, ele está conosco! Não vão aos muitos túmulos que hoje lhes prometem algo, e depois não lhes dão nada! Ele está vivo! Não vamos agora procurar entre os mortos aquele que está vivo!

E essa é uma mensagem significativa para mim e para você, querida irmã, para você, querido irmão. Como muitas vezes o amor nos diz: "Por que buscais entre os mortos aquele que está vivo?" Nossos problemas e preocupações diários podem nos fechar em nós mesmos, na tristeza e na amargura... e é aí que está a morte. Esse não é o lugar onde procurar aquele que está vivo! Deixem que Jesus ressuscitado entre em sua vida! Recebam-no como um amigo, com confiança: ele é vida! Se até agora vocês o mantiveram a distância, deem um passo à frente. Ele vai recebê-los de braços abertos. Se vocês têm sido indiferentes, corram o risco; não vão se decepcionar. Se segui-lo parece difícil, não tenham medo. Confiem nele, tenham certeza de que ele está perto de vocês, de que está com vocês, e ele vai lhes dar a paz que estão procurando e a força para viver como Ele quer que vivam.

O Evangelho de João nos diz que Jesus apareceu duas vezes para os apóstolos trancados no Cenáculo: pela primeira vez, na noite da Ressurreição, e, nessa ocasião, Tomé, que disse: "Se eu não vir e tocar não vou acreditar", estava ausente. Na segunda vez, oito dias depois, Tomé estava lá também. E Jesus disse, falando diretamente com ele: Eu o convido a olhar minhas feridas, a tocá-las. E Tomé exclamou: "Meu Senhor e meu Deus!" (Jo 20:28). Então Jesus disse: "Creste porque me viste. Bem-aventurados aqueles que creem sem terem visto" (Jo 20:29). E quem eram aqueles que acreditavam sem ver? Outros discípulos, outros homens e mulheres de Jerusalém, que acreditaram no testemunho dos apóstolos e das mulheres, mesmo sem encontrar Jesus ressuscitado. Essa é uma palavra muito importante a respeito da fé — podemos chamá-la de *beatitude da fé*. Bem-aventurados os que não viram, mas acreditaram: essa é a beatitude da fé! Em todas as épocas e em todos os lugares, abençoados são aqueles que, na força da Palavra de Deus proclamada na Igreja e testemunhada por cristãos, cremos que Jesus Cristo é o amor de Deus encarnado, a misericórdia encarnada. E isso se aplica a cada um de nós!

Jesus, no Novo Testamento [...] atrela sua própria pessoa à fé na ressurreição e diz: "Eu sou a ressurreição e a vida" (Jo 11:25). É nosso Senhor Jesus que no último dia eleva aqueles que acreditaram nele. Jesus veio entre nós; tornou-se homem como nós em tudo, exceto no pecado; assim, ele nos levou consigo em sua viagem de volta ao Pai. Ele, o Verbo Encarnado, que morreu por nós e ressuscitou, dá a seus discípulos o Espírito Santo, como promessa de comunhão plena em seu glorioso reino, o qual esperamos, vigilantes. Essa espera é a fonte e a razão de nossa esperança; uma esperança que, se cultivada e guardada — nossa esperança, se a cultivarmos e guardarmos —, torna-se uma luz que ilumina nossa história comum. Lembremos sempre: nós somos discípulos daquele que veio, que vem a cada dia e que virá no final. Se conseguirmos ser mais conscientes dessa realidade, estaremos menos cansados da vida diária, menos prisioneiros do efêmero e mais dispostos a viver com um coração misericordioso no caminho da salvação.

O que significa para a Igreja, para nós, hoje, ser discípulos de Jesus, o Cordeiro de Deus? Significa substituir a malícia pela inocência, substituir o poder pelo amor, substituir o orgulho pela humildade, substituir o status pelo serviço. É um bom trabalho! Nós, cristãos, temos que fazer isso: substituir a malícia pela inocência, substituir o poder pelo amor, substituir o orgulho pela humildade, substituir o status pelo serviço. Ser discípulos do Cordeiro não significa viver como uma "fortaleza sitiada", e sim como uma cidade situada sobre uma colina, aberta, acolhedora e solidária. Significa não assumir atitudes fechadas, e sim propor o Evangelho a todos, testemunhar com nossa vida que seguir Jesus nos faz mais livres e felizes.

Não é fácil ser aberto a Jesus. Também não é óbvio que devemos aceitar a vida do Ressuscitado e sua presença entre nós. O Evangelho nos mostra diferentes reações: a do apóstolo Tomé, a de Maria Madalena e as daqueles dois discípulos de Emaús: ele nos faz bem ao nos comparar com eles. Tomé coloca uma condição na crença: pede para tocar as provas, as feridas; Maria Madalena chora ao ver Jesus, mas não o reconheceu — ela percebe que é Jesus somente quando ele a chama pelo nome —; os discípulos de Emaús, que se sentem deprimidos e derrotados, realizam um encontro com Jesus ao permitir que aquele misterioso transeunte os acompanhe. Cada um em um caminho diferente! Eles estavam procurando entre os mortos aquele que vivia, e o próprio Senhor redireciona seus caminhos. E o que eu faço? Que caminho devo tomar para encontrar o Cristo vivo? Ele sempre estará perto de nós para corrigir nosso curso se nos desviarmos.

O que significa a ressureição? A ressurreição de todos nós se dará no último dia, no fim do mundo, por meio da onipotência de Deus, que devolverá a vida ao nosso corpo, juntando-o à nossa alma, por meio do poder da ressurreição de Jesus. Essa é a explicação fundamental: porque Jesus ressuscitou, nós ressuscitaremos; temos a esperança da ressurreição, porque ele nos abriu essa porta. E essa transformação, essa transfiguração do nosso corpo, está preparada nesta vida por nosso relacionamento com Jesus, nos Sacramentos, especialmente na Eucaristia. Nós, que nos nutrimos nesta vida com seu Corpo e seu Sangue, ressuscitaremos como ele, com ele e por meio dele. Como Jesus ressuscitou com seu próprio corpo, mas não retornou a esta vida terrena, nós vamos ressuscitar com nosso próprio corpo, que será transfigurado em corpo glorificado. Isso não é mentira! Isso é verdade. Nós acreditamos que Jesus ressuscitou, que ele está vivo neste momento. Mas vocês acreditam que Jesus está vivo? E se Jesus está vivo, acham que ele vai nos deixar morrer e não nos fazer ressuscitar? Não! Ele está esperando por nós, e porque ele é ressuscitado, o poder da sua ressurreição ressuscitará todos nós.

Sem essa fé na morte e na ressurreição de Jesus nossa esperança seria fraca. Não seria sequer esperança. Precisamente, a morte e a ressurreição de Jesus são o coração de nossa esperança. Disse o apóstolo: "E se Cristo não ressuscitou, é inútil a vossa fé, e ainda estais em vossos pecados" (1 Cor 15:17). Infelizmente, alguns tentaram confundir a fé na ressurreição de Jesus, e as dúvidas se infiltraram, mesmo entre os crentes. É um pouco como aquela fé "água de rosas", como dizemos; não é uma fé forte. E isso se deve à superficialidade, às vezes, à indiferença, ocupados como estamos com mil coisas consideradas mais importantes que a fé, ou porque temos uma visão da vida exclusivamente horizontal. No entanto, é a própria Ressurreição que nos abre para uma esperança maior, pois abre nossa vida e a vida do mundo para o futuro eterno de Deus, para a felicidade completa, com a certeza de que o mal, o pecado e a morte podem ser superados. E isso nos leva a viver situações cotidianas com maior confiança, a enfrentá-las com coragem e determinação. A ressurreição de Cristo ilumina com uma nova luz essas situações do dia a dia. A ressurreição de Cristo é nossa força!

As mulheres encontram a novidade de Deus. Jesus ressuscitou, está vivo! Mas diante do túmulo vazio e os dois homens com roupas brilhantes, sua primeira reação é de medo: "elas ficaram aterrorizadas e baixaram a cabeça", conta são Lucas — elas sequer têm coragem de olhar. Mas quando ouvem a mensagem da ressurreição, elas a aceitam, com fé. E os dois homens com vestes resplandecentes lhes dizem algo de importância crucial: *lembrem*. "Lembrai-vos de como ele vos disse, quando ainda estava na Galileia [...] elas se lembraram das palavras de Jesus" (Lc 24:6,8). Este é um convite para recordar o encontro delas com Jesus, para lembrar suas palavras, suas ações, sua vida; e é justamente essa lembrança amorosa da experiência delas com o Mestre que permite que as mulheres dominem seu medo e levem a mensagem da ressurreição aos apóstolos e a todos os outros (ver Lc 24:9). Lembrar o que Deus fez e continua a fazer por mim, por nós; lembrar o caminho que percorremos — isso é o que abre nosso coração à esperança no futuro. Que possamos aprender a nos lembrar de tudo que Deus fez em nossa vida.

Deixemos que essa experiência, que está inscrita no Evangelho, seja também impressa em nosso coração e resplandeça em nossa vida. Deixemos que a alegre maravilha do Domingo de Páscoa resplandeça em nossos pensamentos, olhares, comportamento, gestos e palavras [...] Quem dera fôssemos tão luminosos! Mas isso não é apenas estética! Isso vem de dentro, de um coração mergulhado na fonte dessa alegria, como o de Maria Madalena, que chorou pela perda de seu Senhor e mal pôde acreditar em seus olhos ao vê-lo ressuscitado.

Quem experimenta isso se torna testemunha da Ressurreição; em certo sentido, ele mesmo ressuscita, ela mesma ressuscita. A pessoa, então, é capaz de carregar um "raio" da luz do Ressuscitado em várias situações: para aqueles que estão felizes, tornando-os mais bonitos e protegendo-os do egoísmo; para aqueles que estão sofrendo, levando serenidade e esperança.

Após a morte do Mestre, os discípulos se dispersaram; sua fé ficou totalmente abalada. Tudo parecia acabado, todas as suas certezas haviam se desintegrado e suas esperanças haviam morrido. Mas, então, a mensagem das mulheres, por mais incrível que fosse, chegou a eles como um raio de luz na escuridão. A notícia se espalhou: Jesus ressuscitou, assim como tinha dito que faria. E, então, houve sua ordem de ir à Galileia; as mulheres ouviram aquilo duas vezes: primeiro, do anjo, e, depois, do próprio Jesus: "Deixem que vão à Galileia; lá eles me verão", "Não tenham medo" e "vão à Galileia".

A Galileia é o lugar onde eles foram chamados primeiro, onde tudo começou! Os apóstolos iam voltar para lá, para o lugar onde haviam sido originalmente chamados. Jesus havia andado pelas margens do lago, os pescadores foram lançando suas redes. Ele os havia chamado, e eles deixaram tudo e o seguiram (ver Mt 4:18-22).

Voltar à Galileia significa reler tudo com base na cruz e sua vitória, sem medo: "Não tenham medo." Releiam tudo — a pregação de Jesus, seus milagres, a nova comunidade, o entusiasmo e as deserções, até mesmo a traição —, releiam tudo, começando do fim, que é um novo começo; começando desse ato supremo de amor.

Para cada um de nós também há uma Galileia na origem de nossa jornada com Jesus. "Ir à Galileia" significa algo bonito, significa redescobrir nosso batismo como um manancial vivo, emanando nova energia das fontes de nossa fé e de nossa experiência cristã. Voltar à Galileia significa, acima de tudo, voltar àquela luz brilhante com que a graça de Deus me tocou no início da jornada. Daquela chama eu posso acender uma fogueira para hoje e todos os dias, e trazer calor e luz aos meus irmãos e irmãs. Essa chama inflama uma alegria humilde, uma alegria que tristeza e sofrimento não podem apagar. Uma alegria boa, suave.

Na vida de cada cristão, depois do batismo, também há outra "Galileia". Uma Galileia mais existencial: a experiência de um *encontro pessoal com Jesus Cristo*, que me chamou para segui-lo e compartilhar sua missão. Nesse sentido, voltar à Galileia significa valorizar em meu coração a memória viva desse chamado, quando Jesus passou em meu caminho, olhou-me com misericórdia e me pediu para segui-lo. Voltar para lá significa reviver a memória daquele momento em que seus olhos encontraram os meus, o momento em que ele me fez perceber que me amava.

Hoje à noite cada um de nós pode se perguntar: *Qual é a minha Galileia?* Eu preciso lembrar, voltar e lembrar. *Onde fica minha Galileia?* Eu me lembro? Eu esqueci? Procurem, e vão encontrá-la! Lá o Senhor está esperando por vocês. Tenho seguido estradas e caminhos que me fizeram esquecer? Senhor, ajude-me: diga qual é minha

Galileia, pois o que quero é voltar para lá, para encontrá-lo e me deixar ser abraçado por sua misericórdia. Não tenham medo, não tenham medo, voltem para a Galileia! O Evangelho é muito claro: temos que voltar para lá, ver Jesus ressuscitado, e tornarmo-nos testemunhas de sua Ressurreição. Isso não é voltar no tempo; não é uma espécie de nostalgia. É um retorno ao nosso primeiro amor, a fim de receber o *fogo* que Jesus acendeu no mundo e levar esse fogo para todas as pessoas, até os confins da Terra. Voltem para a Galileia sem medo! "Galileia dos gentios" (ver Mt 4:15; Is 8:23)! Horizonte do Senhor ressuscitado, horizonte da Igreja; desejo intenso de encontro [...] Que estejamos em nosso caminho!

5

NOSSA ALEGRIA É JESUS CRISTO

Queridos amigos, sejam felizes! Não tenham medo de ser felizes! Não tenham medo da alegria — alegria que o Senhor nos dá quando lhe permitimos entrar em nossa vida. Deixemos que entre em nossa vida e nos convide a ir às margens da vida e anunciar o Evangelho. Não tenham medo da alegria. Tenham alegria e coragem!

O coração humano deseja alegria. Todos nós desejamos alegria; cada família, cada povo aspira à felicidade. Mas qual é a alegria que o cristão é chamado a viver e testemunhar? É a alegria que vem da proximidade de Deus, de sua presença em nossa vida. A partir do momento em que Jesus entrou na história, com seu nascimento em Belém, a humanidade recebeu a semente do Reino de Deus, como o solo recebe a semente, a promessa de uma colheita futura. Simples assim.

Jesus veio para trazer alegria a todas as pessoas, de todos os tempos. Não é apenas uma alegria esperançosa, ou uma alegria adiada para o paraíso, como se aqui na Terra fôssemos tristes, mas no paraíso fôssemos preenchidos com alegria. Não! Não é isso; é uma alegria real já, tangível agora, porque *o próprio Jesus é nossa alegria*, e com Jesus a alegria encontra sua casa... em Jesus, a alegria está em casa. E há alegria sem Jesus? Não! Ele está vivo, ele é o Ressuscitado, e opera em nós e entre nós, especialmente com a Palavra e com os sacramentos.

O profeta Isaías (40:1-5) se dirige a pessoas que passaram por um período negro, que foram submetidas a provações muito difíceis; mas, agora, chegou o tempo de conforto. Tristeza e medo podem ser substituídos por alegria, pois o próprio Senhor vai guiar seu povo no caminho da libertação e salvação. Como ele vai fazer tudo isso? Com a solicitude e a ternura de um pastor que cuida de seu rebanho. Ele vai, de fato, prover unidade e segurança, e alimentar seu rebanho, reunir as ovelhas perdidas sob seu manto firme, reservar uma atenção especial ao mais frágil e fraco. Essa é a atitude de Deus para conosco, suas criaturas. Por essa razão, o profeta convida aqueles que o ouvem — nos incluindo, hoje — para espalhar essa mensagem de esperança: o Senhor nos consola. E nos convida a dar espaço para o conforto que vem do Senhor.

Deixemos que as palavras de Isaías — "Consolai, consolai o meu povo" — ecoem em nosso coração. Hoje, há necessidade de pessoas que testemunhem a misericórdia e a ternura de Deus, que estimulem o resignado, animem os desanimados e acendam o fogo da esperança. Ele acende o fogo da esperança! Nós, não. Tantas situações exigem nosso testemunho reconfortante, ser alegres, confortar as pessoas. Estou pensando naqueles que estão sobrecarregados pelo sofrimento, pela injustiça e pela tirania; aqueles que são escravos do dinheiro, do poder, do sucesso, da mundanidade. Pobres coitados! Eles fabricaram consolo, não o verdadeiro conforto do Senhor! Somos todos chamados a confortar nossos irmãos e nossas irmãs, a testemunhar que só Deus pode eliminar as causas de tragédias existenciais e espirituais. Ele consegue! Ele é poderoso!

A alegria cristã, como a esperança, se alicerça sobre a fidelidade de Deus, na certeza de que ele sempre cumpre suas promessas. O profeta Isaías exorta aqueles que perderam seu caminho e seu coração a se entregar à fidelidade do Senhor, pois sua salvação não tardará a explodir na vida deles. Todos aqueles que encontraram Jesus no caminho sentem tal serenidade e alegria no coração que nada nem ninguém as pode tirar deles. Nossa alegria é Jesus Cristo; seu amor fiel é inesgotável. Portanto, quando um cristão fica triste, significa que ele se distanciou de Jesus. Mas, então, não devemos deixá-lo sozinho! Devemos orar por ele e fazê-lo sentir o calor da comunidade.

[A] alegria do Evangelho não é uma alegria qualquer. Consiste em saber que somos bem-acolhidos e amados por Deus. Como o profeta Isaías nos recorda, Deus é aquele que vem para nos salvar e que procura ajudar especialmente aqueles que têm medo no coração. Sua vinda entre nós nos fortalece, nos torna firmes, nos dá coragem, faz o deserto e a estepe se regozijarem e florescerem — ou seja, quando nossa vida se torna árida. E quando é que nossa vida se torna árida? Quando não tem a água da Palavra de Deus e de seu Espírito de amor. Por maior que sejam nossas limitações e consternação, não estamos autorizados a ser lentos e vacilantes quando confrontados com a dificuldade e com nossa própria fraqueza. Pelo contrário, somos convidados a fortalecer as mãos fracas, a firmar os joelhos vacilantes, a ser fortes e não temer, porque nosso Deus sempre nos mostra a grandeza de sua misericórdia.

Ele nos dá a força para seguir em frente. Ele está sempre conosco, a fim de nos ajudar a andar para a frente. Ele é um Deus que nos ama muito. Ele nos ama, e é por isso que está conosco: para nos ajudar, para nos fortalecer, para nos ajudar a seguir em frente. Coragem! Sempre em frente! Graças à sua ajuda, podemos sempre recomeçar. Como? Começar de novo, do zero. Alguém poderia dizer: "Não, padre, eu fiz muitas coisas repreensíveis... sou um grande pecador... não posso começar do zero!" Mas está errado! Vocês podem começar do zero. Por quê? Porque ele está esperando por vocês, ele está perto de vocês, ele os ama, ele é misericordioso, ele os perdoa, ele lhes dá força para começar de novo do zero! A todos! E, assim, somos capazes de abrir os olhos de novo, de superar a tristeza e luto e iniciar uma nova canção. E essa alegria verdadeira permanece mesmo em meio a provações, mesmo em meio ao sofrimento, pois não é uma alegria superficial; ela permeia as profundezas da pessoa que se entrega ao Senhor e nele confia.

Deus é conosco, Deus que nos ama, Deus que caminha conosco. Essa é a mensagem do Natal: o Verbo se fez carne. Assim, o Natal nos revela o imenso amor que Deus tem pela humanidade. Dele também deriva nosso entusiasmo, nossa esperança como cristãos; em nossa pobreza podemos saber que somos amados, que fomos visitados, que somos acompanhados por Deus. E olhamos para o mundo e para a história como um lugar onde caminhamos junto com ele, que está entre nós, em direção a um novo céu e uma nova Terra.

E para verdadeiramente dar as boas-vindas a Jesus em nossa vida e prolongar a alegria da Noite Santa, o caminho é o indicado em Mateus (10:17-22) — ou seja, dar testemunho de Jesus na humildade, no serviço silencioso, sem medo de ir contra a corrente e de rezar na primeira pessoa. E se nem todos são chamados, como Santo Estêvão, a derramar seu sangue, a cada cristão, no entanto, ele pede para que seja consistente, em todas as circunstâncias, com a fé que professa. E a coerência cristã é uma graça que devemos pedir ao Senhor. Ser coerente, viver como cristãos e não dizer "Eu sou um cristão", e viver como um pagão. A consistência é uma graça que devemos pedir hoje.

O Evangelho de Lucas (15) contém três parábolas de misericórdia: a ovelha perdida, a moeda perdida e a mais longa delas — característica de são Lucas, a parábola do pai de dois filhos, o filho "pródigo" e o que acredita que é "justo", que acredita que é santo. Essas três parábolas falam da alegria de Deus. Deus é alegre. Isso é interessante: Deus é alegre! E o que é a alegria de Deus? A alegria de Deus é clemente... A alegria de um pastor que encontra seu pequeno cordeiro; a alegria de uma mulher que encontra sua moeda; a alegria de um pai recebendo em casa o filho que estava perdido, que era como se estivesse morto e voltasse à vida, que volta para casa. Aqui está o Evangelho todo, aqui! O Evangelho todo, todo o cristianismo está aqui. Mas certifiquem-se de que não é sentimento, simplesmente uma questão de ser um "benfeitor". Ao contrário, a misericórdia é a verdadeira força que pode salvar a humanidade e o mundo do câncer que é o pecado, mal moral e mal espiritual. Só o amor preenche [...] os abismos negativos que o mal abre no coração e na história. Só o amor pode fazer isso, e essa é a alegria de Deus.

Jesus não é um missionário solitário; ele não quer cumprir sua missão sozinho, e sim envolver seus discípulos. Além dos 12 apóstolos, ele chama outros 72, e os envia para as aldeias, dois a dois, para proclamar que o Reino de Deus está próximo. Isso é muito bonito! Jesus não quer agir sozinho; ele veio para trazer o amor de Deus ao mundo, e quer espalhá-lo no estilo da comunhão, no estilo da fraternidade. É por isso que ele, imediatamente, forma uma comunidade de discípulos, que é uma comunidade missionária. Ele os treina imediatamente para a missão, para seguir adiante.

O Evangelho de Lucas nos diz que aqueles 72 voltaram de sua missão cheios de alegria, porque haviam experimentado o poder do nome de Cristo sobre o mal. Jesus diz: A esses discípulos ele dá o poder de derrotar o mal. E acrescenta: "Não vos alegreis porque os espíritos vos estão sujeitos, mas alegrai-vos de que vossos nomes estejam escritos nos céus" (Lc 10:20). Não devemos nos vangloriar como se fôssemos os protagonistas: há apenas um protagonista, o Senhor! A graça do Senhor é o protagonista. Ele é o herói. E nossa alegria é apenas isso: ser seus discípulos, seus amigos. Que Nossa Senhora nos ajude a ser bons agentes do Evangelho.

A Igreja está inteiramente *dentro desse movimento* de Deus para o mundo: sua alegria é o Evangelho, para espelhar a luz de Cristo. A Igreja é o povo que sentiu essa atração e a manteve dentro de seu coração e de sua vida. Eu gostaria de dizer, sinceramente, gostaria de dizer àqueles que se sentem longe de Deus e da Igreja, gostaria de dizer a todos aqueles que sentem medo ou indiferença: "O Senhor também está chamando vocês para ser parte de seu povo, e ele faz isso com profundo respeito e amor!" O Senhor os está chamando. O Senhor os está procurando. O Senhor está esperando por vocês. O Senhor não faz proselitismo; ele ama, e esse amor procura vocês, espera por vocês, vocês que neste momento não acreditam ou estão longe. E esse é o amor de Deus.

> A Igreja está inteiramente dentro desse movimento de Deus para o mundo: sua alegria é o Evangelho, para espelhar a luz de Cristo.

Em Tessalonicenses (5:17-22), são Paulo indica as condições para sermos "missionários da alegria": orar constantemente, dar sempre graças a Deus, dar lugar a seu Espírito, buscar o bem e evitar o mal. Se isso se tornar nosso estilo de vida, então a Boa-nova será capaz de entrar em muitos lares e ajudar pessoas e famílias a redescobrir que em Jesus está a salvação. Nele é possível encontrar a paz interior e a força para enfrentar diversas situações da vida, todos os dias; até mesmo as mais pesadas e difíceis.

No Evangelho de Lucas (24:36-49), os discípulos mal podiam acreditar na alegria que sentiam, porque não podiam acreditar na causa dessa alegria. Isso é o que nos diz o Evangelho. Vejamos o cenário: Jesus ressuscitou, os discípulos de Emaús estão falando sobre sua experiência e Pedro também está contando o que havia visto. Então, o próprio Senhor aparece na sala e diz: "A paz esteja convosco." Vários sentimentos irrompem no coração dos discípulos: medo, surpresa, dúvida e, por fim, alegria. Uma alegria tão grande que eles "não podem acreditar". Eles estão chocados, pasmos; e Jesus, como se sorrisse levemente, pede a eles algo para comer e começa a explicar as Escrituras, abrindo a mente deles para que sejam capazes de compreendê-las. Esse é o momento do espanto, do encontro com Jesus Cristo, no qual tanta alegria não parece real. E mais: sentir alegria e felicidade naquele momento parece arriscado, e nos sentimos tentados a nos refugiar no ceticismo, no "não exagerar".

É mais fácil acreditar em fantasmas que no Cristo vivo. É mais fácil consultar um mago que prediz o futuro, uma cartomante, que ter fé e esperança em um Cristo vitorioso, em um Cristo que triunfou sobre a morte. É mais fácil ter uma ideia, imaginar a docilidade perante esse Senhor que ressuscitou dos mortos, que ir e aprender o que ele tem para nós! Tal modo de relativizar a fé acaba nos distanciando do encontro, afastando-nos da carícia de Deus. É como se nós "destilássemos" a realidade do encontro com Jesus Cristo em uma quietude de medo, em uma quietude de segurança excessiva, de querermos nós mesmos controlar o encontro. Os discípulos tinham medo dessa alegria... e nós também.

Os Atos dos Apóstolos (3:1-9) falam de um homem paralisado. Nós [...] todos sabemos sobre a transformação desse homem, aleijado de nascença, deitado na porta do templo, pedindo esmolas, sem nunca cruzar o limiar, e como seus olhos estavam fixos nos apóstolos, esperando que eles lhe dessem algo. Pedro e João não podiam dar nada do que ele pedira: nem ouro nem prata. E ele, que sempre esperava na porta, entra agora sobre seus próprios pés, saltando e louvando a Deus, louvando as maravilhas de Deus. E sua alegria é contagiosa. Isso é o que as Escrituras nos dizem hoje: as pessoas ficaram completamente surpresas, espantadas, e se reuniram para ver tal maravilha. Em meio à confusão, à admiração, Pedro proclamou a mensagem. A alegria do encontro com Jesus Cristo, que temos tanto medo de aceitar, é contagiosa, e ele grita: É aqui que a Igreja cresce! O paralítico acredita porque "a Igreja não cresce do proselitismo, mas sim da atração"; o testemunho dessa alegria, que Jesus Cristo proclama, atrai as pessoas. Isso é testemunho que nasce da alegria aceita e transformada em anúncio.

Nós, que somos batizados, filhos da Igreja, somos chamados a aceitar de novo, sempre, a presença de Deus entre nós, e a ajudar os outros a descobri-la, ou a redescobrir o que têm esquecido. É uma das mais belas missões, como a de João Batista: direcionar as pessoas a Cristo — não a nós mesmos —, pois ele é o destino para o qual o coração humano tende quando procura alegria e felicidade.

Sem essa alegria [...] sem essa alegria não podemos fundar uma igreja! Não podemos estabelecer uma comunidade cristã! É uma alegria apostólica que irradia e se expande. Como Pedro, pergunto a mim mesmo: "Sou capaz, como Pedro, de sentar ao lado de meu irmão e, lentamente, explicar o dom da palavra que tenho recebido, e contagiá-lo com minha alegria? Sou capaz de despertar ao meu redor o entusiasmo daqueles que descobriram em nós o milagre de uma nova vida, que não pode ser controlado, que exige docilidade porque nos atrai, nos transporta; e essa nova vida nasce do encontro com Cristo?"

Nós não podemos ser mensageiros do conforto de Deus se antes não sentirmos a alegria de ser confortados e amados por ele. Isso acontece especialmente quando ouvimos sua Palavra, o Evangelho, que devemos levar no bolso: não esqueçam, o Evangelho no bolso, ou na bolsa, para lermos regularmente. E isso nos dá conforto: quando estamos em oração silenciosa em sua presença, quando o encontramos na Eucaristia ou no sacramento da reconciliação. Tudo isso nos conforta.

O profeta Isaías (61:1-2) sugere outra dimensão que vai nos ajudar a sentir alegria. É levar aos outros a Boa-nova: Somos cristãos. *Cristão* vem de *Cristo* e *Cristo* significa "ungido". E nós também somos "ungidos" [...]. *Cristãos* significa "ungidos". E por que somos ungidos? Para fazer o quê? "[Ele] enviou-me a levar a Boa-nova;" a quem? "Aos humildes, curar os corações doloridos, anunciar aos cativos a redenção e aos prisioneiros a liberdade; proclamar um ano de graça da parte do Senhor" (Isaías 61:1-2). Essa é a vocação de Cristo e, também, a vocação dos cristãos. Ir aos outros, àqueles que precisam, sejam suas necessidades materiais ou espirituais [...] Muitas pessoas que sofrem de ansiedade por causa de problemas familiares [...] levar a paz para lá, levar a unção de Jesus, o óleo de Jesus, que faz muito bem e consola as almas.

Ninguém nunca ouviu falar de um santo triste, com cara triste. Isso é inédito! Seria uma contradição. O coração do cristão está cheio de paz, porque ele sabe como colocar sua alegria no Senhor, mesmo quando atravessa os momentos difíceis da vida. Ter fé não significa nunca ter momentos difíceis, e sim ter a força para enfrentar esses momentos, saber que não estamos sozinhos. E essa é a paz que Deus dá a seus filhos.

6
A PRESENÇA DE DEUS NA FAMÍLIA

A imagem de Deus é o casal: o homem e a mulher. Não só o homem, não só a mulher, mas os dois juntos. Essa é a imagem de Deus: o amor. A aliança de Deus conosco é representada na aliança entre homem e mulher. E isso é muito bonito! Fomos criados para amar, como um reflexo de Deus e de seu amor. E na união conjugal homem e mulher cumprem essa vocação, por meio de sua reciprocidade e da comunhão plena e definitiva de vida.

Quando um homem e uma mulher celebram o sacramento do matrimônio, Deus, por assim dizer, se "espelha" neles; ele imprime neles suas próprias características e o caráter indelével de seu amor. O casamento é o ícone do amor de Deus por nós. De fato, Deus é comunhão também: as três Pessoas — o Pai, o Filho e o Espírito Santo — vivem eternamente, em perfeita unidade. E esse é justamente o mistério do matrimônio: Deus faz de ambos os cônjuges uma única vida.

A Bíblia usa uma poderosa expressão; diz "uma só carne", tão íntima é a união em matrimônio entre um homem e uma mulher. E esse é justamente o mistério do casamento: o amor de Deus que se reflete no casal que decide viver junto. Portanto, um homem sai de sua casa, a casa de seus pais, e vai viver com sua esposa, e se une tão fortemente a ela que os dois se tornam, como diz a Bíblia, uma só carne.

São Paulo, na carta aos Efésios, destaca que um grande mistério se reflete em esposos cristãos: a relação estabelecida por Cristo com a Igreja, um relacionamento nupcial (cf. Ef 5:21-33). A Igreja é a noiva de Cristo. Esse é o relacionamento deles. Isso significa que o matrimônio responde a uma vocação específica e deve ser considerado uma consagração (ver *Gaudium et spes*, n. 48: *Familiaris consortio*, n. 56). É uma consagração; o homem e a mulher são consagrados em seu amor. Os cônjuges, de fato, em virtude do sacramento, são investidos com uma verdadeira e própria missão, de modo que, começando com as simples coisas da vida, possam tornar visível o amor com que Cristo ama sua Igreja, continuando a dar sua vida a ela em fidelidade e serviço.

Existe um projeto verdadeiramente maravilhoso inerente ao sacramento do matrimônio! E se desenrola na simplicidade e na fragilidade da condição humana. Estamos bem cientes de quantas dificuldades vivem dois cônjuges [...] O importante é manter viva sua ligação com

Deus, que se destaca como o fundamento do vínculo conjugal. E o verdadeiro vínculo é sempre o Senhor. Quando a família reza, o vínculo é preservado. Quando o marido ora por sua esposa e a esposa ora por seu marido, o vínculo se torna forte; um ora pelo outro.

Há três [palavras] que sempre precisam ser ditas [...] em casa: "Posso?", "Obrigado" e "Desculpe". As três [palavras] mágicas. *Posso*: de modo a não ser intrusivo. Posso, o que você acha? Posso, por favor, permita-me. *Obrigado*: para agradecer ao cônjuge; obrigado pelo que você fez por mim, obrigado. A beleza de agradecer! E, uma vez que todos nós cometemos erros, outra palavra que é um pouco difícil de dizer, mas que precisa ser dita: *desculpe*. Por favor, obrigado e desculpe. Com essas [...] palavras, com a oração do marido pela mulher e vice-versa, sempre fazendo as pazes antes do fim do dia, [vão ajudar seu] casamento a ir para a frente.

Queridas famílias, vocês sabem muito bem que a verdadeira alegria que sentimos na família não é superficial; não vem de objetos materiais, do fato de que tudo parece estar indo bem [...] A verdadeira alegria vem de uma profunda harmonia entre as pessoas, algo que todos nós sentimos no coração e que nos faz sentir a beleza da União, do apoio mútuo na jornada da vida. Mas a base desse sentimento de profunda alegria é a presença de Deus; a presença de Deus na família e seu amor, que é acolhedor, misericordioso e respeitoso para com todos.

Como os avós são importantes para a vida familiar, por transmitir a herança humana e religiosa tão essencial a toda a sociedade! Como é importante haver trocas entre gerações e diálogo, especialmente no contexto da família! O Documento de Aparecida diz: "As crianças e os idosos constroem o futuro dos povos: as crianças, porque levam a história para a frente; os idosos, porque transmitem sua experiência e sabedoria de vida" (n. 447). Essa relação e diálogo entre gerações é um tesouro a ser preservado e fortalecido.

E Jesus cura: deixem-se ser curados por Jesus. Nós todos temos feridas, todos: feridas

> A verdadeira alegria vem de uma profunda harmonia entre as pessoas, algo que todos nós sentimos no coração e que nos faz sentir a beleza da União, do apoio mútuo na jornada da vida.

espirituais, pecados, hostilidade, ciúmes. Talvez não digamos olá a alguém: "Ah, ele fez isso comigo. Não vou mais cumprimentá-lo." Mas isso precisa ser curado! "Como posso fazer isso?" Orem e peçam a Jesus para curá-los.

É triste quando em uma família os irmãos não se falam por uma bobagem, porque o diabo pega essa bobagem e faz uma tempestade com ela. Então, as hostilidades continuam, às vezes por muitos anos, e a família é destruída. Os pais sofrem porque seus filhos não se falam, ou a esposa de um filho não fala com a outra, e, assim, com o ciúme, a inveja [...] O diabo semeia isso. E só quem expulsa os demônios é Jesus. O único que cura esses assuntos é Jesus. Por isso, eu digo a cada um de vocês: deixem-se curar por Jesus.

[Q]ual é o poder que une a família? É o amor; e quem semeia amor em nosso coração é Deus; o amor de Deus. É justamente o amor de Deus que dá sentido às nossas pequenas tarefas diárias e nos ajuda a enfrentar as grandes provações. Esse é o verdadeiro tesouro da humanidade: seguir em frente na vida com amor, com o amor que o Senhor semeou em nosso coração, com o amor de Deus. Esse é o verdadeiro tesouro. Mas o que é o amor de Deus? Não é algo vago, um sentimento genérico. O amor de Deus tem um nome, um rosto: Jesus Cristo. O amor de Deus se manifesta em Jesus. Pois nós não podemos amar o ar [...] Amamos o ar? Amamos todas as coisas? Não, não, não podemos; nós amamos pessoas, e a pessoa que amamos é Jesus, a dádiva do Pai entre nós.

Cada família cristã pode, antes de tudo — como Jesus, Maria e José fizeram —, receber Jesus, ouvi-lo, falar com ele, guardá-lo, protegê-lo, crescer com ele e, assim, melhorar o mundo. Vamos criar espaço para o Senhor em nosso coração e em nosso dia, como Maria e José também fizeram — e não foi fácil! Quantas dificuldades eles tiveram que superar! Eles não eram uma família superficial, não eram uma família irreal. A família de Nazaré nos estimula a redescobrir a vocação e a missão da família, de cada família.

[O amor de Jesus] é um amor que dá valor e beleza a tudo mais, um amor que dá força à família, ao trabalho, ao estudo, à amizade, à arte, a toda atividade humana. Ele dá sentido até mesmo às experiências negativas, porque esse amor nos permite ir além dessas experiências [...] não permanecer prisioneiros do mal. [Esse amor] nos move para além, sempre nos abre à esperança, é isso! O amor de Deus em Jesus sempre nos abre à esperança, ao horizonte de esperança, ao horizonte final de nossa peregrinação. Assim, nossa lida e nossos fracassos encontram significado.

Todas as famílias precisam de Deus. Todos nós! Precisamos de sua ajuda, sua força, sua bênção, sua misericórdia, seu perdão. E precisamos de simplicidade para orar como uma família; simplicidade é necessária! Rezar o Pai-nosso juntos, em volta da mesa, não é algo extraordinário: é fácil. E rezar o terço juntos, como uma família, é muito bonito, e é fonte de grande força. E também orar uns pelos outros — o marido por sua esposa, a esposa por seu marido, os dois, juntos, por seus filhos, os filhos pelos avós... orar uns pelos outros. Isso é o que significa orar em família, e oração é o que faz a família forte.

Em Lucas (1:39-56), podemos imaginar a Virgem Maria que, visitando a casa de Isabel, teria ouvido esta e seu marido, Zacarias, orando nas palavras do Salmo 71: "Pois tu és a minha esperança, Senhor Deus; tu és a minha confiança desde a mocidade [...] Não me rejeites no tempo da velhice, não me desampares, quando se for acabando a minha força [...] Agora, também, quando estou velho e de cabelos brancos, não me desampares, ó, Deus, até que eu tenha anunciado a tua força a esta geração, e o teu poder a todas as vindouras." A jovem Maria escutou, e guardou tudo isso em seu corárção. A sabedoria de Isabel e Zacarias enriqueceu seu espírito jovem. Eles não tinham experiência como pais; para eles, também era a primeira gravidez. Mas eles eram especialistas em fé, especialistas em Deus, e especialistas na esperança que vem dele; e é disso que o mundo precisa, todos os tempos. Maria foi capaz de ouvir aqueles pais idosos e impressionados; Maria guardou a sabedoria deles, que se revelou preciosa para ela em sua jornada como mulher, esposa e mãe.

Diante de nossos olhos podemos imaginar a Mãe Maria andando, levando o menino Jesus nos braços. Ela o leva para o Templo; apresenta-o ao povo; leva-o a conhecer seu povo.

Podemos imaginar essa pequena família no meio de tantas pessoas, nos grandes pátios do Templo. Eles não se destacam, não são distinguíveis [...] No entanto, não passam despercebidos! Dois idosos, Simeão e Ana, movidos pelo Espírito Santo, aproximam-se e louvam a Deus por aquela criança, em quem reconhecem o Messias, a luz dos povos e da salvação de Israel (ver Lucas 2:22-38). É um momento simples, mas rico em profecia: o encontro entre dois jovens cônjuges cheios de alegria e fé, devido à graça do Senhor, e dois idosos, também cheios de alegria e fé, por meio da ação do Espírito. O que faz que eles se conheçam? Jesus. Jesus os aproxima, jovens e velhos. Jesus é aquele que aproxima as gerações. Ele é a fonte desse amor que une as famílias e as pessoas, vencendo toda desconfiança, todo isolamento, toda distância. Isso faz também que pensemos nos avós: como é importante a presença dos avós! Quão precioso é seu papel na família e na sociedade! Um bom relacionamento entre os jovens e os idosos é crucial para a jornada da comunidade civil e eclesiástica. Olhando para esses dois idosos, Simeão e Ana, saudemos aqui, com aplausos, todos os avós do mundo.

O menino Jesus com sua mãe, Maria, e com são José, transforma-se em um ícone simples, mas luminoso, da família. A luz que lança é a luz da misericórdia e salvação para todo o mundo, a luz da verdade para cada pessoa, para a família humana e para as famílias individuais. Essa luz, que vem da Sagrada Família, encoraja-nos a oferecer calor humano nessas situações familiares em que, por várias razões, falta a paz, a harmonia e o perdão. Que nossa solidariedade concreta não diminua, especialmente no que diz respeito às famílias que estão enfrentando situações mais difíceis [...] Vamos fazer uma pausa aqui, um momento, e rezar em silêncio por todas essas famílias em dificuldade, seja por problemas de doença, desemprego, discriminação, ou pela necessidade de emigrar, devido à dificuldade de compreender um ao outro e também pela desunião [...] Confiemos a Maria, Rainha e Mãe da família, todas as famílias do mundo, para que possam viver na fé, em harmonia, na ajuda recíproca, e para isso invoco sobre elas a proteção materna de quem foi a mãe e filha de seu Filho.

O Evangelho de Mateus nos conta como a Sagrada Família [viajou] pela estrada dolorosa do exílio em busca de refúgio no Egito (2:13-15). José, Maria e Jesus vivem o trágico destino dos refugiados, que é marcado pelo medo, pela incerteza e pela inquietação. Infelizmente, em nosso próprio tempo, milhões de famílias podem se identificar com essa triste realidade. Quase todos os dias a televisão e os jornais transmitem notícias de refugiados que fogem da fome, da guerra e de outros perigos graves, em busca de segurança e de uma vida digna para si e sua família.

Em terras distantes, mesmo quando arranjam emprego, refugiados e imigrantes nem sempre encontram uma verdadeira acolhida, respeito e apreço pelos valores que carregam consigo. Suas expectativas legítimas colidem com situações complexas e difíceis que, algumas vezes, parecem insuperáveis. Portanto, ao fixarmos o olhar na Sagrada Família de Nazaré quando foram forçados a se tornar refugiados, pensamos na tragédia desses migrantes e refugiados vítimas de rejeição e exploração, vítimas de tráfico humano e de trabalho escravo. Mas pensemos também em outros "exilados": eu os chamaria de "exilados ocultos", aqueles exilados que podem ser encontrados no seio de sua própria família: os idosos, por exemplo, que às vezes são tratados como um fardo. Sempre penso que um bom indicador para saber como está uma família é ver como as crianças e os idosos são tratados nela.

Jesus queria pertencer a uma família que passasse por essas dificuldades, de modo que ninguém se sentisse excluído da proximidade amorosa de Deus. A fuga para o Egito, causada pela ameaça de Herodes, nos mostra que Deus está presente onde estamos em perigo, quando estamos sofrendo, quando estamos fugindo, quando sofremos rejeição e abandono. Mas Deus também está presente quando sonhamos, quando esperamos voltar livres à nossa pátria, quando planejamos e escolhemos a vida para nossa família e a dignidade para nós mesmos e nossos entes queridos.

Jesus habitou a periferia durante 30 anos. O evangelista Lucas resume esse período assim: Jesus "lhes era submisso", isto é, a Maria e José. E alguém pode dizer: "Mas esse Deus, que veio para nos salvar, desperdiçou 30 anos ali, naquela favela suburbana?" Ele desperdiçou 30 anos! Ele queria isso. O caminho de Jesus estava naquela família: "Sua mãe guardava todas essas coisas no coração. E Jesus crescia em estatura, sabedoria e graça, diante de Deus e dos homens" (Lc 2:51-52). [As Escrituras] não contam milagres, ou cura, ou pregação — Jesus não fez nada disso nesse período —, nem falam das multidões que se reuniam. Em Nazaré, tudo parecia acontecer "normalmente", de acordo com os costumes de uma piedosa e trabalhadora família israelita: eles trabalhavam, a mãe cozinhava, fazia todo o trabalho doméstico [...] todas as coisas que as mães fazem. O pai, um carpinteiro, trabalhava, ensinava o comércio a seu filho. Trinta anos! "Mas que desperdício, padre!" Deus trabalha de formas misteriosas. Mas o importante é que houve a família! E isso não foi um desperdício! Eles eram grandes santos: Maria, a mais santa mulher, imaculada, e José, o homem mais justo... A família.

Certamente ficaríamos emocionados com a história do adolescente Jesus que seguia o calendário religioso da comunidade e seus deveres sociais; de saber que quando era um jovem trabalhador trabalhou com José; e, depois, que ia à leitura das Escrituras, à oração dos salmos e seguia tantos outros costumes da vida diária. Os Evangelhos, em sua sobriedade, não fazem qualquer referência à adolescência de Jesus e deixam essa tarefa para nossa meditação amorosa. A arte, a literatura e a música fizeram essa viagem pela imaginação. Certamente não é difícil imaginar o quanto as mães poderiam aprender com os cuidados de Maria para com seu filho! O quanto os pais poderiam aprender com o exemplo de José, um homem justo, que dedicou sua vida a apoiar e proteger seu filho e sua esposa — sua família — em tempos difíceis. Para não mencionar a quantidade de crianças que poderiam ser encorajadas pelo Jesus adolescente a entender a necessidade e a beleza de cultivar sua mais profunda vocação e ter grandes sonhos! Nesses 30 anos, Jesus cultivou sua vocação para a qual o Pai o havia enviado. E, naquele tempo, Jesus nunca desanimou. Cresceu em coragem a fim de realizar sua futura missão.

O que aconteceu nesses 30 anos em Nazaré pode também acontecer conosco: podemos procurar fazer que o normal seja o amor, não o ódio; que o comum seja a ajuda mútua, não a indiferença ou a hostilidade. Não é por acaso, portanto, que *Nazaré* significa "aquela que guarda", como Maria "guardava todas essas coisas em seu coração". Desde então, toda vez que há uma família que guarda esse mistério, mesmo que seja na periferia do mundo — o mistério do Filho de Deus, o mistério de Jesus que vem para nos salvar —, o mistério está no trabalho. Ele vem para salvar o mundo. E essa é a grande missão da família: dar lugar a Jesus que está vindo, acolher Jesus na família, em cada membro: filhos, marido, esposa, avós... Jesus está lá. Vamos recebê-lo lá, a fim de que ele cresça espiritualmente na família.

Nós ouvimos a mesma mensagem na exortação do apóstolo Paulo a Timóteo e, por meio dele, à comunidade cristã. Jesus não aboliu a lei da família e a passagem de gerações, e sim cumpriu-a. O Senhor formou uma nova família, na qual laços de parentesco são menos importantes que nossa relação com ele e menos importantes que fazer a vontade de Deus Pai. No entanto, o amor de Jesus e do Pai completam e realizam nosso amor pelos pais, irmãos e irmãs e avós; renova relações familiares com a linfa do Evangelho e do Espírito Santo.

São Paulo exorta Timóteo — que era pastor, e, portanto, um pai para a comunidade — a mostrar respeito pelos membros idosos e outras pessoas da família. Diz a ele para fazê-lo como um filho: tratar os "homens mais velhos como pais", as "mulheres mais velhas como mães" e as "mulheres mais jovens como irmãs". O chefe da comunidade não está isento de seguir a vontade de Deus. Na verdade, o amor de Cristo o leva a fazê-lo com um amor ainda maior. Como a Virgem Maria, que, embora haja se tornado mãe do Messias, sentiu-se impulsionada pelo amor de Deus se fazendo carne dentro dela a correr para sua parente idosa, Isabel.

Hoje, nosso olhar para a Sagrada Família nos permite também ser arrastados para a simplicidade da vida que eles levavam em Nazaré. É um exemplo que faz um grande bem a nossas famílias, ajudando-as, cada vez mais, a se tornar comunidades de amor e reconciliação, onde se experimentam a ternura, a ajuda mútua e o perdão mútuo. Recordemos três palavras-chave para viver em paz e alegria na família: "Posso?", "Obrigado" e "Desculpe". Em nossa família, quando não somos intrusivos e perguntamos: "Posso?"; em nossa família, quando não somos egoístas e aprendemos a dizer "Obrigado"; e quando em uma família a pessoa percebe que fez algo errado e sabe como dizer "Desculpe", há paz e alegria nessa família. Lembremos essas palavras importantes [...] Eu também gostaria de incentivar as famílias a tomarem consciência da importância que têm na Igreja e na sociedade. O anúncio do Evangelho, de fato, passa, primeiro, pela família, para alcançar as várias esferas da vida cotidiana.

Fervorosamente invoquemos Maria Santíssima, a Mãe de Jesus e nossa Mãe, e são José, seu esposo. Peçamos a eles iluminação, conforto e orientação para todas as famílias do mundo, para que elas possam cumprir com dignidade e paz a missão que Deus lhes confiou.

7

O AMOR É A MEDIDA DA FÉ

Em Mateus (22:15-21), Jesus nos recorda que a lei divina pode ser resumida em nosso amor a Deus e ao próximo. Mateus, o evangelista, narra que vários fariseus conspiraram para pôr Jesus à prova. Um deles, um doutor da lei, perguntou-lhe o seguinte: "Mestre, qual é o maior mandamento na lei?" Jesus, citando o livro do Deuteronômio, respondeu: "Amarás o Senhor teu Deus de todo o teu coração, de toda a tua alma e de todo o teu entendimento. Este é o primeiro e o maior dos mandamentos." E ele poderia ter parado por aí. No entanto, Jesus acrescentou algo que não foi solicitado pelo doutor da lei. Disse: "E o segundo, semelhante a este, é: Amarás ao teu próximo como a ti mesmo." E também nesse caso Jesus não inventa o segundo mandamento; toma-o do livro do Levítico. A novidade está no fato de colocar esses dois mandamentos juntos, o amor a Deus e o amor ao próximo, revelando que ambos são, de fato, inseparáveis e complementares, dois lados da mesma moeda. Vocês não podem amar a

Deus sem amar seu vizinho e não podem amar o próximo sem amar a Deus.

De fato, o sinal visível que um cristão pode mostrar para testemunhar seu amor por Deus ao mundo, aos outros, à sua família, é o amor que tem por seus irmãos. O mandamento de amar a Deus e ao próximo é o primeiro, mas não porque está no topo da lista de mandamentos. Jesus não o coloca no topo, e sim no centro, porque é do coração que tudo deve sair e ao qual tudo deve retornar e se encaminhar.

No Êxodo (22:22-26) vemos que a exigência de ser santo, à imagem de Deus, que é santo, inclui o dever de cuidar das pessoas mais vulneráveis, como o estranho e o órfão. E essa lei pactuada é cumprida por Jesus — ele, que reúne em si mesmo, em sua carne, a divindade e a humanidade, um único mistério de amor.

Agora, à luz dessa Palavra de Jesus, o amor é a medida da fé, e a fé é a alma do amor. Não podemos mais separar uma vida religiosa, uma vida piedosa, do serviço aos irmãos e irmãs, aos verdadeiros irmãos e irmãs que encontramos. Não podemos continuar a dividir a oração, o encontro com Deus nos sacramentos, da atitude de ouvir o outro, da proximidade com sua vida, especialmente suas feridas. Lembrem-se: o amor é a medida da fé. Quanto vocês amam? Como está sua fé? Minha fé é como eu amo. E a fé é a alma do amor.

No meio da densa floresta de regras e regulamentos — os legalismos do passado e do presente —, Jesus faz uma abertura por meio da qual podemos captar um vislumbre de duas faces: a face do Pai e a face do irmão. Jesus não nos dá duas fórmulas ou dois preceitos; não há preceitos ou fórmulas. Ele nos dá duas faces. Na verdade, só uma face real, a de Deus, refletida em muitos rostos, porque no rosto de cada irmão, especialmente dos menores, dos mais frágeis, dos indefesos e necessitados, está a própria imagem de Deus. E devemos nos perguntar: quando encontramos um desses irmãos, somos capazes de reconhecer o rosto de Deus? Somos capazes disso?

O profeta Isaías apresenta [a Providência Divina] como a imagem do amor maternal, cheio de ternura, e diz: "Pode uma mulher esquecer-se daquele que amamenta? Não ter ternura pelo fruto de suas entranhas? E mesmo que ela o esquecesse, eu não te esqueceria nunca" (Isaías 49:15). Como isso é bonito! Deus não se esquece de nós, de nenhum de nós! [Lembra-se de] todos, pelo nome e sobrenome. Ele nos ama e não nos esquece. Que belo pensamento... Esse convite a confiar em Deus encontra um paralelo em Mateus (6:26-29): "Olhai as aves do céu", diz Jesus, "não semeiam nem ceifam, nem recolhem nos celeiros, e vosso Pai celeste as alimenta [...] Considerei como crescem os lírios do campo; não trabalham nem fiam. Entretanto, eu vos digo que o próprio Salomão, no auge de sua glória, não se vestiu como um deles."

No entanto, pensando nas muitas pessoas que vivem em condições precárias, ou mesmo em uma pobreza ofensiva à sua dignidade, essas palavras de Jesus podem parecer abstratas, se não ilusórias. Mas, na verdade, são relevantes, agora mais que nunca! Elas nos recordam de que não se pode servir a dois senhores: a Deus e a riqueza. Enquanto todos buscarem acumular para si, nunca haverá justiça. Devemos ter cuidado com isso! Mas confiando-nos à Providência de Deus e procurando seu reino juntos, ninguém vai ter carência dos meios necessários para viver com dignidade.

A Providência de Deus vem por meio de nosso serviço aos outros, de nossa partilha com os outros. Quando cada um de nós não acumula para si mesmo, e sim para servir aos outros, nesse ato de solidariedade a Providência de Deus se torna visível. No entanto, se a pessoa acumular apenas para si mesma, o que vai acontecer quando for chamada por Deus? Ninguém pode levar suas riquezas consigo, porque, como vocês sabem, mortalha não tem bolsos! É melhor compartilhar, para que possamos levar conosco, para o céu, apenas o que compartilhamos com os outros.

Um coração perturbado pelo desejo de posses é um coração cheio de desejo de posses, mas vazio de Deus. É por isso que Jesus frequentemente advertia os ricos, porque eles se arriscam muito colocando sua segurança nos bens deste mundo; e a segurança, a segurança final, está em Deus. Em um coração possuído por riqueza não há muito espaço para a fé; tudo tem a ver com a riqueza, e não há espaço para a fé. Se, no entanto, a pessoa dá a Deus seu lugar de direito, ou seja, coloca-o em primeiro lugar, então seu amor a leva a compartilhar até mesmo sua riqueza, a colocá-la a serviço de projetos de solidariedade e desenvolvimento, como demonstram tantos exemplos, até mesmo recentes, na história da Igreja.

A estrada que Jesus indica pode parecer um pouco irrealista no que diz respeito à mentalidade comum e aos problemas decorrentes da crise econômica. Mas se pensarmos nisso, essa estrada nos leva de volta à escala de valores correta. Em Mateus (6:25), ele nos diz: "A vida não é mais do que o alimento e o corpo não é mais do que as vestes?" Para assegurar que a ninguém falte pão, água, roupas, casa, trabalho e saúde, temos que reconhecer que todas as pessoas são filhos do Pai que está no céu, portanto, irmãos entre nós, e que devemos agir de acordo com isso.

O Evangelho de Mateus (4:1-11) coloca diante de nós a narrativa da tentação de Jesus, quando o Espírito Santo, tendo descido sobre ele depois de seu batismo no Jordão, leva-o a enfrentar Satanás abertamente no deserto por 40 dias, antes de começar seu ministério público.

O tentador procura desviar Jesus do plano do Pai — ou seja, do caminho do sacrifício, do amor que oferece a si mesmo em expiação —, fazê-lo tomar um caminho mais fácil, de sucesso e poder. O duelo entre Jesus e Satanás se dá por meio de fortes citações das Sagradas Escrituras. Na verdade, para desviar Jesus do caminho da cruz, o diabo coloca diante dele falsas esperanças messiânicas: bem-estar financeiro, indicado pela habilidade de transformar pedras em pão; um estilo dramático e milagroso, com a ideia de pular do ponto mais alto do Templo em Jerusalém e ser salvo pelos anjos; e, por último, um atalho para o poder e domínio em troca de um ato de adoração a Satanás. Esses são os três grupos de tentações, e nós também as conhecemos bem!

Jesus, decididamente, rejeita todas essas tentações e reitera sua firme determinação de seguir o caminho definido pelo Pai, sem qualquer tipo de compromisso com o pecado ou a lógica mundana. Notemos bem como Jesus responde. Ele não dialoga com Satanás, como Eva havia feito no paraíso terrestre. Jesus está ciente de que não pode haver diálogo com Satanás, porque este é astuto. É por isso que Jesus, em vez de se engajar em um diálogo, como Eva, escolhe refugiar-se na Palavra de Deus e responde com o poder dessa Palavra.

Recordemos: no momento da tentação, das nossas próprias tentações, nada de argumentação com Satanás; nossa defesa deve ser sempre a Palavra de Deus! E isso vai nos salvar. Em suas respostas a Satanás, o Senhor, usando a Palavra de Deus, lembra-nos, acima de tudo, de que "não só de pão vive o homem, mas de toda palavra que procede da boca de Deus" (Mt 4:4); e isso nos dá força, nos sustenta na luta contra uma mentalidade mundana que nos rebaixa ao nível das nossas necessidades primitivas, fazendo-nos perder a fome do que é verdadeiro, bom e belo: a fome de Deus e seu amor. Além disso, Jesus recorda que "está escrito: 'Não tentarás o Senhor teu Deus'", pois o caminho da fé passa também pela escuridão e pela dúvida, e é alimentado pela paciência e expectativa perseverante. Por fim, Jesus recorda que "está escrito: 'Adorarás o Senhor teu Deus, e só a ele servirás.'" [Em outras palavras], devemos nos livrar de ídolos, de coisas vãs, e construir nossa vida sobre o que é essencial.

A Bíblia nos diz que a grande ameaça ao plano de Deus para nós é, e sempre foi, a mentira. O diabo é o pai da mentira. Muitas vezes, ele esconde suas armadilhas por trás da aparência de sofisticação, do fascínio de ser "moderno", "como todo mundo". Ele nos distrai com a visão dos prazeres efêmeros, dos passatempos superficiais. E, assim, nós desperdiçamos nossos dons dados por Deus mexendo com aparelhos; desperdiçamos nosso dinheiro em jogos de azar e bebidas; voltamo-nos para nós mesmos. Esquecemos de manter o foco nas coisas que realmente importam. Esquecemos de permanecer, no coração, filhos de Deus. Isso é pecado: esquecer que, no fundo, somos filhos de Deus. Pois as crianças, como o Senhor nos diz, têm sua própria sabedoria, que não é a sabedoria do mundo. É por isso que a mensagem do Santo Niño é tão importante. Ele fala poderosamente para todos nós. Ele nos faz recordar nossa identidade mais profunda, que nós somos chamados a ser a família de Deus.

Os pobres estão no centro do Evangelho, estão no coração do Evangelho. Se tirarmos os pobres do Evangelho, não poderemos compreender toda a mensagem de Jesus Cristo. Como embaixadores de Cristo, nós, bispos, sacerdotes e religiosos [e leigos], devemos ser os primeiros a acolher sua graça reconciliadora em nosso coração. São Paulo deixa claro o que isso significa. Significa rejeitar perspectivas mundanas e ver todas as coisas de novo à luz de Cristo. Significa sermos os primeiros a examinar nossa consciência, a reconhecer nossas falhas e pecados e a abraçar o caminho de conversão constante, a conversão de todos os dias. Como podemos anunciar a originalidade e o poder libertador da cruz aos outros se nós mesmos nos recusarmos a permitir que a Palavra de Deus agite nossa complacência, nosso medo da mudança, nossos compromissos mesquinhos com os caminhos deste mundo, nossa "mundanidade espiritual"?

No Evangelho de Mateus encontramos o convite de Jesus: "Vinde a mim, vós todos que estais aflitos sob o fardo, e eu vos aliviarei" (11:28). Quando Jesus diz isso, tem diante de si as pessoas que encontra todos os dias nas ruas da Galileia: muitas pessoas simples, pobres ou doentes, pecadoras, aquelas que são marginalizadas... Essas pessoas sempre o seguiam, até ouvir sua palavra — uma palavra que dava esperança! As palavras de Jesus sempre dão esperança! E até mesmo simplesmente tocar a orla do seu manto. O próprio Jesus buscava essas multidões cansadas, derrotadas, que eram como ovelhas sem pastor (cf. Mt 9:35-36), e as procurava para lhes anunciar o Reino de Deus e para curar muitas delas em corpo e espírito. Agora ele chama todos para si: "Vinde a mim", e lhes promete alívio e descanso.

Esse convite de Jesus chega aos nossos dias e se estende até os muitos irmãos e irmãs oprimidos por condições precárias de vida, por situações existenciais difíceis, e às vezes carentes de pontos de referência válidos. Nos países mais pobres, mas também na periferia dos países mais ricos, há muitas pessoas cansadas, derrotadas sob o insuportável peso da negligência e da indiferença.

Indiferença: a indiferença humana provoca tanta dor aos necessitados! E o pior é a indiferença dos cristãos! À margem da sociedade, muitos homens e mulheres são testados pela indigência, mas também pela frustração e insatisfação com a vida. Assim, muitos são obrigados a deixar sua terra natal, arriscando a vida. Muitos mais, todos os dias, carregam o peso de um sistema econômico que explora os seres humanos, impondo-lhes um jugo insuportável que os poucos privilegiados não querem suportar. Para cada um desses filhos do Pai no céu, Jesus repete: "Vinde a mim, todos vós." Ele também diz isso àqueles que têm tudo, mas cujo coração está vazio, sem Deus. Mesmo para eles Jesus dirige esse convite: "Vinde a mim." O convite de Jesus é para todos, mas especialmente para aqueles que mais sofrem.

Jesus promete dar descanso a todos, mas também nos faz um convite, que é como um mandamento: "Tomai meu jugo sobre vós e recebei minha doutrina, porque eu sou manso e humilde de coração" (Mt 11:29). O "jugo" do Senhor consiste em assumir, com amor fraternal, a carga dos outros. Assim que recebemos o conforto e o descanso de Cristo, somos chamados para nos tornarmos descanso e conforto para nossos irmãos e irmãs, com uma atitude dócil e humilde, na imitação do Mestre. Docilidade e humildade de coração nos ajudam não só a assumir o fardo dos outros, mas também a impedir que nossos pontos de vista pessoais, nossos julgamentos, nossa crítica ou nossa indiferença pesem sobre eles.

Desse evento podemos extrair três mensagens. A primeira é a *compaixão*. Ao enfrentar a multidão que o segue e, por assim dizer, não o deixa sozinho, Jesus não reage com irritação; ele não diz "Essas pessoas estão me incomodando." Não, não. Ele reage com um sentimento de compaixão, porque sabe que eles não o estão seguindo por curiosidade, e sim por necessidade. Mas, por favor, notem: a compaixão — que Jesus sente — não é simplesmente sentir pena; é mais que isso! Significa *sofrer junto*, em outras palavras, sentir empatia com o sofrimento do outro, a ponto de senti-lo na pele.

O "jugo" do Senhor consiste em assumir, com amor fraternal, a carga dos outros. Assim que recebemos o conforto e o descanso de Cristo, somos chamados para nos tornarmos descanso e conforto para nossos irmãos e irmãs.

Jesus é assim: ele sofre junto conosco, sofre conosco e sofre por nós. E o sinal dessa compaixão é a cura que operou para inúmeras pessoas. Jesus nos ensina a colocar as necessidades dos pobres antes da nossa própria. Nossas necessidades, mesmo que legítimas, não são tão urgentes quanto as daqueles [...] que carecem das coisas básicas da vida. Muitas vezes falamos de "pobres", mas, quando falamos deles, acaso conseguimos perceber que esse homem ou essa mulher, ou crianças, não têm atendidas as necessidades básicas da vida? Que não têm comida, roupas, que não podem pagar por medicamentos? [...] E também que as crianças não têm meios de frequentar a escola? Ao passo que nossas necessidades, embora legítimas, não são tão urgentes quanto as daqueles que não têm supridas as necessidades básicas da vida.

A segunda mensagem é *partilha*. A primeira é a compaixão, que Jesus sentiu, e a segunda é partilha. É útil comparar a reação dos discípulos às pessoas cansadas e famintas com a de Jesus. São diferentes. Os discípulos pensam que seria melhor dispensar pessoas para que possam ir comprar comida. Jesus diz: "Dai-lhes vós de comer." Duas reações diferentes, que refletem duas visões contrastantes: os discípulos pensam com a lógica mundana, segundo a qual cada pessoa deve pensar em si mesma; eles raciocinam como se dissessem: "resolvam o problema sozinhos." Jesus pensa com a lógica de Deus, que é a da partilha.

Quantas vezes nos afastamos de modo a não ver nossos irmãos em necessidade! E esse afastamento é uma maneira educada de dizer "resolvam o problema sozinhos", e esse não é o caminho de Jesus. Isso é egoísmo. Se ele houvesse dispersado a multidão, muitas pessoas teriam ficado sem nada para comer. Em vez disso, aqueles poucos pães e peixes, compartilhados e abençoados por Deus, foram suficientes para todos. E prestem atenção! Não é mágica, e sim um sinal, um sinal que apela para a fé em Deus, o Pai providente, que não nos deixa ir sem "o pão nosso de cada dia" se soubermos compartilhá-lo como irmãos.

Assim, muitos homens e mulheres de fé têm fé, mas dividem as tábuas da lei. "Sim, eu faço isso." "Mas você pratica a caridade?" "Sim, claro, eu sempre mando um cheque para a Igreja." "Ok, isso é bom. Mas em sua casa, em sua própria igreja, você é generoso e justo com aqueles que são seus dependentes, sejam eles seus filhos, seus avós, seus empregados?" Vocês não podem fazer doações à Igreja sobre os ombros da injustiça que praticam com seus dependentes. Esse é um pecado muito sério: usar Deus como um disfarce para a injustiça.

Compaixão, partilha. E a terceira mensagem: o milagre dos pães, é um sinal da Eucaristia. É visto no gesto de Jesus, que antes de partir e distribuir os pães, os "abençoa" (Mt 14:19). É o mesmo gesto que Jesus fez na Última Ceia, quando estabeleceu o memorial perpétuo de seu sacrifício redentor. Na Eucaristia, Jesus não dá um pão qualquer, e sim o pão da vida eterna; ele dá a si mesmo, oferecendo-se ao Pai por amor a nós. Mas temos que ir para a Eucaristia com os sentimentos de Jesus, que são a compaixão e o desejo de compartilhar. Aquele que vai para a Eucaristia sem ter compaixão pelos necessitados e sem compartilhar não está à vontade com Jesus.

8
JESUS COMPARTILHOU NOSSA JORNADA

A visão bíblica e cristã do tempo e da história não é cíclica, e sim linear: é uma jornada que se move em direção ao fim. Um ano que passou, então, não nos leva a uma realidade que termina, mas sim a uma realidade que está sendo cumprida. É mais um passo em direção ao destino que nos espera: um destino de esperança e de felicidade, porque haveremos de encontrar Deus, que é a razão de nossa esperança e a fonte de nossa felicidade.

Andar: esse verbo nos faz refletir sobre o curso da história, aquela longa jornada que é a história da salvação, começando com Abraão, nosso pai na fé, a quem o Senhor chamou um dia para dar instruções de sair de seu país rumo à terra que Deus lhe mostraria. A partir desse momento, nossa identidade como crentes tem sido a de um povo peregrinando em direção à Terra Prometida. Essa história foi sempre acompanhada pelo Senhor! Ele é sempre fiel a suas alianças e promessas. Porque ele é fiel, "Deus é luz e nele não há treva alguma" (1 Jo 1:5). No entanto, da parte das pessoas, há momentos de luz e escuridão, de fidelidade e infidelidade, de obediência e rebelião; tempo de ser um povo peregrino e tempo de ser um povo à deriva.

[Jesus] entrou em nossa história; ele compartilhou nossa jornada. Ele veio para nos libertar da escuridão e nos conceder luz. Nele foi revelada a graça, a misericórdia e o terno amor do Pai: Jesus é o Amor encarnado. Ele não é simplesmente um mestre de sabedoria; ele não é um ideal pelo qual lutamos sabendo que estamos irremediavelmente distantes dele. Ele é o significado da vida e da história, que montou sua tenda entre nós.

A narração evangélica dos Magos (Mt 2:1-12) descreve a viagem partindo do Oriente como uma jornada do espírito, como uma viagem ao encontro com Cristo. Eles estão atentos aos sinais que indicam sua presença; são incansáveis em enfrentar as provações da busca; são corajosos em deduzir as implicações para a vida que derivam do encontro com o Senhor. Isso é a vida: a vida cristã é uma jornada de estar atento, incansável e corajoso. Uma jornada cristã é assim: atenta, incansável, corajosa. A experiência dos Magos evoca o percurso de cada homem e mulher em direção a Cristo. Para nós, como para os Magos, buscar a Deus significa *viajar* — e, como eu disse, atentos, incansáveis e corajosos —, focados no céu e discernindo o sinal visível da estrela do Deus invisível que fala ao nosso coração.

A estrela que é capaz de levar qualquer pessoa a Jesus é a *Palavra de Deus*, a Palavra que está na Bíblia, nos Evangelhos. A Palavra de Deus é a luz que guia nosso caminho, alimenta nossa fé e a regenera. É a Palavra de Deus que renova constantemente nosso coração e nossas comunidades. Portanto, não nos esqueçamos de lê-la e de meditar sobre ela todos os dias, de modo que ela possa se tornar para cada um como uma chama que trazemos dentro de nós para iluminar nossos passos, bem como os passos de outros, que viajam ao nosso lado, que talvez estejam lutando para encontrar o caminho para Cristo. Sempre com a Palavra de Deus! A Palavra de Deus em sua mão: um Evangelho no bolso, ou na bolsa, sempre, para ser lido. Não esqueçam: sempre levo comigo a Palavra de Deus!

Quando olhamos para Cristo, não erramos. O Evangelho de Lucas narra como Jesus, tendo retornado a Nazaré, onde crescera, e fazendo referência a si mesmo, entrou na sinagoga e leu a passagem do profeta Isaías, na qual está escrito: "O Espírito do Senhor está sobre mim, porque me ungiu; e se enviou para anunciar a boa-nova aos pobres, para sarar os contritos de coração, para anunciar aos cativos a redenção, aos cegos a restauração da vista, para pôr em liberdade os cativos, para proclamar o ano da graça do Senhor" (Lc 4:18-19). Vejam como Cristo usou sua humanidade, pois ele também era um homem: para proclamar e cumprir o plano divino de redenção e salvação, porque ele era Deus; assim também deve ser para a Igreja. Por meio de sua realidade visível, de tudo que pode ser visto, os sacramentos e testemunho de todos nós, cristãos, a Igreja é chamada a cada dia para estar perto de cada pessoa, começando com aquele que é pobre, aquele que sofre, que é marginalizado, de modo a fazer todas as pessoas sentirem o olhar compassivo e misericordioso de Jesus.

O apóstolo nos diz que com a ressurreição de Jesus algo absolutamente novo acontece: somos libertados da escravidão do pecado e nos tornamos filhos de Deus. Ou seja, nascemos para uma vida nova. Quando isso acontece? No sacramento do batismo. Nos tempos antigos, o batismo era recebido por meio de imersão. A pessoa que seria batizada mergulhava na grande bacia do batistério, tirava suas roupas e o bispo ou padre jogava água três vezes em sua cabeça, batizando-o em nome do Pai, do Filho e do Espírito Santo. A seguir, a pessoa batizada emergia da bacia e vestia um robe novo, branco. Em outras palavras, mergulhando na morte e ressurreição de Cristo, nascia para a vida nova. Tornava-se um filho de Deus. Em sua carta aos Romanos, são Paulo escreveu: "[...] recebestes o espírito de adoção pelo qual clamamos: Aba! Pai! O Espírito mesmo dá testemunho ao nosso espírito de que somos filhos de Deus" (Rm 8:15-16).

Permanecer firme no caminho da fé, com esperança firme no Senhor: esse é o segredo de nossa jornada! Ele nos dá coragem de nadar contra a maré. Prestem atenção

[...] isso é bom para o coração, mas precisamos de coragem para nadar contra a maré. Jesus nos dá essa coragem! Não há dificuldades, provações ou mal-entendidos a temer, desde que permaneçamos unidos a Deus, como os galhos à videira, desde que não percamos nossa amizade com ele, desde que criemos cada vez mais espaço para ele em nossa vida. Isso é especialmente verdade quando nos sentimos pobres, fracos e pecadores, porque Deus concede força a nossa fraqueza, riqueza a nossa pobreza, conversão e perdão de nossos pecados. O Senhor é tão rico em misericórdia! Todas as vezes, se formos a ele, o Senhor nos perdoa. Confiemos na obra de Deus! Com ele podemos fazer grandes coisas. Ele nos dará a alegria de ser seus discípulos, suas testemunhas. Comprometam-se com grandes ideais, com as coisas mais importantes. Nós, cristãos, não fomos escolhidos pelo Senhor para coisas pequenas. Sigam em frente, em direção aos mais altos princípios.

Lembrem-se sempre: a vida é uma viagem. É um caminho, uma viagem ao encontro de Jesus — no fim e para sempre. Uma viagem na qual, se não

Permanecer firme no caminho da fé, com esperança firme no Senhor: esse é o segredo de nossa jornada! Ele nos dá coragem de nadar contra a maré.

encontramos Jesus, não é uma jornada cristã. É uma viagem para o cristão encontrar constantemente Jesus, para vê-lo, deixar-se vigiar por Jesus, porque ele nos observa com amor. Ele nos ama demais, e está sempre cuidando de nós. Encontrar Jesus também significa deixar-se contemplar por ele. "Mas, padre, você sabe", alguém poderá dizer, "você sabe que essa viagem é horrível para mim. Eu sou um pecador, cometi muitos pecados... como posso encontrar Jesus?" Mas vocês sabem que as pessoas a quem Jesus mais procurava eram os maiores pecadores, e que ele era censurado por isso. E as pessoas, aquelas que se julgavam justas, diziam: Isso não é um verdadeiro profeta; vejam com que encantadora companhia anda! Ele estava com os pecadores. E dizia: Eu vim por aqueles que precisam de salvação, que precisam de cura. Jesus cura nossos pecados. E ao longo do caminho Jesus vem e nos perdoa; a todos nós, pecadores. Todos nós somos pecadores [...] mesmo quando cometemos um erro, quando cometemos um pecado [...] E esse perdão que recebemos na confissão é um encontro com Jesus. Nós sempre encontramos Jesus.

No início da missa, todas as vezes, somos chamados diante do Senhor para reconhecer que somos pecadores, expressando por meio de palavras e gestos o sincero arrependimento do coração. E dizemos: "Tem piedade de mim, Senhor. Eu sou um pecador! Confesso a Deus Todo-poderoso meus pecados." Mas não dizemos: "Senhor, tem piedade deste homem que está ao meu lado, ou desta mulher, que é pecadora." Não! "Tem misericórdia de mim!" Todos somos pecadores e precisamos do perdão do Senhor. É o Espírito Santo que fala ao nosso espírito e nos faz reconhecer nossas faltas, à luz da Palavra de Jesus. E o próprio Jesus convida todos nós, santos e pecadores, à sua mesa, reunindo-nos das encruzilhadas, das diversas situações de vida (ver Mt 22:9-10). E, dentre as condições comuns àqueles que participam da celebração eucarística, duas são fundamentais a fim de ir à missa corretamente: todos nós somos pecadores e Deus concede sua misericórdia a todos. Essas são as duas condições que abrem as portas para que possamos entrar corretamente na missa.

A estrada para Emaús [é] um símbolo do nosso caminho de fé: as Escrituras e a Eucaristia são os elementos indispensáveis para encontrar o Senhor. Também nós, muitas vezes, vamos à missa dominical com nossas preocupações, dificuldades e desilusões [...] A vida, algumas vezes, nos fere, e vamos embora sentindo-nos tristes, em direção ao nosso "Emaús", virando as costas ao plano de Deus. Afastamo-nos de Deus. Mas a liturgia da Palavra nos acolhe: Jesus nos explica as Escrituras e reacende em nosso coração o calor da fé e da esperança, e em comunhão nos dá força. A Palavra de Deus, a Eucaristia. Leiam uma passagem do Evangelho todos os dias. Lembrem-se disso. Leiam um trecho do Evangelho todos os dias, e aos domingos vão para a comunhão, para receber Jesus. Foi isso que aconteceu com os discípulos de Emaús: eles receberam a Palavra; viram a partilha do pão; e de tristes e derrotados passaram a se sentir alegres. Queridos irmãos e irmãs, a Palavra de Deus e a Eucaristia nos enchem de alegria, sempre. Lembrem-se disso! Quando estiverem tristes, tomem a Palavra de Deus. Quando estiverem desanimados, tomem a Palavra de Deus e vão à missa dominical receber a comunhão, participar do mistério de Jesus. A Palavra de Deus, a Eucaristia: elas nos enchem de alegria.

Sabemos que este mundo cada vez mais artificial nos faz viver em uma cultura do "fazer", do "útil", na qual, sem perceber, excluímos Deus do nosso horizonte. Mas também excluímos o horizonte em si! A Quaresma nos ilumina a "despertar a nós mesmos", a lembrar de que somos criaturas — simplesmente que não somos Deus. Na pequena cena diária, quando vejo o poder que se esforça para ocupar espaços, penso: *Essas pessoas estão brincando de Deus Criador. Ainda não perceberam que não são Deus.*

Em nossa história pessoal também existem momentos claros e escuros, luzes e sombras. Quando amamos a Deus e a nossos irmãos e irmãs, andamos na luz; mas quando nosso coração está fechado, quando somos dominados pelo orgulho, engano e egoísmo, então a escuridão cai ao redor e dentro de nós. "Mas quem odeia seu irmão", escreve o apóstolo João, "está nas trevas e anda nas trevas, sem saber para onde dirige os passos; as trevas cegaram seus olhos" (1 Jo 2:11). Um povo que anda, mas como um povo peregrino, que não quer se desviar.

Somente quando as dificuldades e o sofrimento dos outros nos confrontar e nos questionar, poderemos começar nosso caminho de conversão rumo à Páscoa. É um itinerário que implica a cruz e a abnegação. O Evangelho de hoje indica os elementos dessa jornada espiritual: oração, jejum e esmola. Os três excluem a necessidade de aparências. O que conta não é a aparência; o valor da vida não depende da aprovação dos outros ou do sucesso, e sim do que temos dentro de nós.

O primeiro elemento é a oração. A oração é a força do cristão e de cada pessoa que acredita. Na fraqueza e fragilidade de nossa vida podemos voltar para Deus com a confiança das crianças e entrar em comunhão com ele. Em face de tantos que nos ferem e que poderiam endurecer nosso coração, somos chamados a mergulhar no mar da oração, que é o mar de amor ilimitado de Deus; a provar sua ternura. Quaresma é um tempo de oração, de oração mais intensa, mais prolongada, mais assídua, e mais capaz de assumir as necessidades dos irmãos — oração de intercessão, para interceder diante de Deus pelas muitas situações de pobreza e sofrimento.

O segundo elemento-chave do caminho quaresmal é o jejum. Devemos ter cuidado para não praticar um jejum *pro forma*, ou um que na verdade nos "satisfaça" porque nos faz sentir bem conosco. O jejum faz sentido se questiona nossa segurança e se também leva a algum benefício para os outros; se nos ajuda a cultivar o estilo do

Bom Samaritano, que se inclina para seu irmão necessitado e cuida dele. O jejum implica escolher um estilo de vida sóbrio, um modo de vida sem desperdício, um modo de vida que não "joga fora". O jejum nos ajuda a sintonizar nosso coração com o essencial e a partilha. É um sinal de consciência e responsabilidade em face da injustiça e do abuso, especialmente para os pobres e as crianças, e é um sinal da confiança que depositamos em Deus e em sua providência.

O terceiro elemento é a esmola: é dar livremente, pois na esmola damos algo a alguém e não esperamos receber nada em troca. A gratuidade deve ser uma das características do cristão, que, ciente de ter recebido tudo de Deus gratuitamente, ou seja, sem nenhum mérito próprio, aprende a dar livremente aos outros. Hoje, muitas vezes a gratuidade não faz parte da vida diária, na qual tudo é comprado e vendido. Tudo é calculado e medido. A esmola nos ajuda a viver o dar livremente, o que leva à liberdade da obsessão de possuir, do medo de perder o que temos, da tristeza de alguém que não deseja compartilhar sua riqueza com os outros.

Deus nos convida a rezar insistentemente não porque ele não tem conhecimento de nossas necessidades ou porque não está nos ouvindo. Pelo contrário, ele está sempre nos ouvindo, e sabe tudo sobre nós, amorosamente. Em nossa jornada diária, especialmente em tempos de dificuldade, na batalha contra o mal que está fora e dentro de nós, o Senhor não está longe; está ao nosso lado. Nós lutamos com ele ao nosso lado, e nossa arma é a oração, que nos faz sentir sua presença ao nosso lado, sua misericórdia, e também sua ajuda. Mas a batalha contra o mal é longa e difícil; requer paciência e resistência, como quando Moisés teve que manter os braços estendidos para o povo para Israel prevalecer (Ex 17:8-13). Assim são as coisas: há uma batalha a ser travada todos os dias, mas Deus é nosso aliado, a fé nele é nossa força, e a oração é a expressão dessa fé. Portanto, Jesus nos garante a vitória, mas, no final, pede (Lc 18: 8): "Mas quando vier o Filho do Homem, acaso achará fé sobre a Terra?" Se a fé for extinta, a oração apagada, caminharemos no escuro. Estaremos perdidos no caminho da vida.

Nós, discípulos de Jesus, somos chamados a ser pessoas que ouvem sua voz e levam a sério suas palavras. Para ouvir Jesus, devemos estar perto dele, segui-lo, como a multidão, no Evangelho, que o perseguia pelas ruas da Palestina. Jesus não tinha um cargo de professor ou um púlpito fixo; ele foi um professor itinerante, que propôs seus ensinamentos — os ensinamentos que lhe foram dados pelo Pai — pelas ruas, cobrindo distâncias que nem sempre eram previsíveis ou fáceis. [Agora, como naquela época, as pessoas têm que seguir] Jesus para ouvi-lo.

Mas ouçamos também Jesus em sua Palavra escrita, no Evangelho. Eu lhes faço uma pergunta: Vocês leem uma passagem do Evangelho todos os dias? Sim, não... sim, não... metade do tempo... alguns sim, alguns não. É importante! Vocês leem o Evangelho? É tão bom! É bom ter um pequeno Evangelho, pequeno, e carregá-lo [...] e ler uma passagem curta a qualquer momento que surja durante o dia. A qualquer momento do dia eu tiro o Evangelho de meu bolso e leio alguma coisa, uma passagem curta. Jesus está lá, e ele fala conosco no Evangelho! Reflitam sobre isso. Não é difícil, nem é necessário ter os quatro livros. [Podemos carregar conosco] um dos Evangelhos, pequeno. Que o Evangelho esteja sempre conosco, porque é a Palavra de Jesus, para que sejamos capazes de ouvi-lo.

Leiamos o Evangelho. Leiamos o Evangelho [...] Carreguemos um Evangelho pequeno conosco [...], para tê-lo à mão. E ali, lendo uma passagem, encontraremos Jesus. Tudo faz sentido quando encontramos nosso tesouro ali, no Evangelho. Jesus o chama de "Reino de Deus", ou seja, Deus que reina em sua vida, em nossa vida — Deus que é amor, paz e alegria em cada homem e em todos os homens. Isso é o que Deus quer, e é por isso que Jesus se entregou à morte na cruz, para nos libertar do poder das trevas e nos voltar para o reino da vida, da beleza, da bondade e da alegria. Ler o Evangelho é encontrar Jesus e ter essa alegria cristã, que é um dom do Espírito Santo.

Além disso, comparecendo à missa de domingo, onde encontramos o Senhor na comunidade, ouvimos sua Palavra e recebemos a Eucaristia, que nos une com ele e uns aos outros. E, a seguir, dias de retiro e exercícios espirituais são muito importantes para a renovação espiritual. Evangelho, Eucaristia, oração. Não se esqueçam: Evangelho, Eucaristia, oração. Graças a essas dádivas do Senhor somos capazes de obedecer não ao mundo, mas a Cristo, e segui-lo em seu caminho, o caminho de "perder a vida" a fim de encontrá-lo (ver Mt 16:25). "Perdê-la" no sentido de dá-la, oferecê-la por meio do amor e no amor — e isso leva ao sacrifício, também à cruz —, para recebê-la, livres do egoísmo e do risco da morte, recém-purificado, cheios de eternidade.

9

O ESPÍRITO SANTO É A ALMA DA MISSÃO

Os antigos teólogos diziam que a alma é uma espécie de veleiro, o Espírito Santo é o vento que enche suas velas e o leva para a frente e as rajadas de vento são as dádivas do Espírito. Sem seu impulso e sua graça nós não vamos para a frente. O Espírito Santo nos atrai para o mistério do Deus vivo e nos salva da ameaça de uma Igreja gnóstica e autorreferencial, fechada em si mesma. Ele nos impele a abrir as portas e sair para proclamar e testemunhar a boa-nova do Evangelho, a comunicar a alegria da fé, o encontro com Cristo.

Falando aos apóstolos na Última Ceia, Jesus disse que depois que deixasse este mundo lhes enviaria a dádiva do Pai, ou seja, o Espírito Santo (ver Jo 15:26). Essa promessa foi poderosamente cumprida no dia de Pentecostes, quando o Espírito Santo desceu sobre os discípulos reunidos no Cenáculo. Esse extraordinário derramamento não se limitou apenas a esse momento, foi um evento renovado, e continua sendo renovado.

Um elemento fundamental do Pentecostes é a *surpresa*. Nosso Deus é um Deus de *surpresa*. Isso nós sabemos. Ninguém esperava mais nada dos discípulos: após a morte de Jesus, formavam um grupo pequeno e insignificante de derrotados, órfãos de seu mestre. Mas ocorreu um evento inesperado que surpreendeu: o povo ficou atônito, porque cada pessoa ouviu os discípulos falando em sua própria língua, contando as grandes obras de Deus (ver Atos 2:6-7,11). A Igreja nascida no Pentecostes é uma comunidade surpreendente, porque, com a força de sua chegada, provinda de Deus, uma nova mensagem é proclamada — a ressurreição de Cristo —, com uma nova linguagem: a universal do amor. Um novo anúncio: Cristo está vivo; ressuscitado. Uma nova linguagem: a linguagem do amor. Os discípulos são adornados com poder provindo de cima e falam com coragem. Apenas alguns minutos antes, todos estavam acovardados, mas passaram a falar com coragem e sinceridade, com a liberdade do Espírito Santo.

O Espírito Santo, que animou totalmente a vida e o mistério de Jesus, é o mesmo Espírito que orienta hoje a existência cristã, a existência de homens e mulheres que se dizem cristãos e querem ser cristãos. Submeter nossa vida e missão cristãs, que todos nós recebemos no batismo, à ação do Espírito Santo, significa que encontramos a coragem apostólica necessária para superar o fácil comodismo mundano. Mas cristãos e comunidades que estão "surdos" à voz do Espírito Santo, que nos urge a levar o Evangelho até os confins da Terra e da sociedade, também se tornam "mudas"; não falam e não evangelizam.

Mas quem é o Espírito Santo? No Credo, professamos com fé: "Creio no Espírito Santo." A primeira verdade à qual aderimos no Credo é que o Espírito Santo é *Kýrios*, Senhor. Isso significa que ele é verdadeiramente Deus, assim como o Pai e o Filho. [O Espírito Santo é, para nós,] o objeto do mesmo ato de adoração e glorificação que dirigimos ao Pai e ao Filho. De fato, o Espírito Santo é a terceira pessoa da Santíssima Trindade; é a grande dádiva de Cristo ressuscitado, que abre nossa mente e nosso coração à fé em Jesus como o Filho enviado pelo Pai, e que nos leva à amizade, à comunhão com Deus.

O Espírito Santo, que animou totalmente a vida e o mistério de Jesus, é o mesmo Espírito que orienta hoje a existência cristã, a existência de homens e mulheres que se dizem cristãos e querem ser cristãos.

No dia de Pentecostes, quando os discípulos "foram todos preenchidos do Espírito Santo", foi o batismo da Igreja, que nasceu para "sair", sair para anunciar a Boa-nova a todos. A Madre Igreja sai para servir. Recordemos a outra mãe, nossa Mãe, que se apressa a sair para servir. Madre Igreja e Maria: ambas virgens, ambas mães, ambas mulheres. Jesus foi peremptório com os apóstolos: que não se ausentassem de Jerusalém, que esperassem até que recebessem de cima o poder do Espírito Santo (ver Atos 1:4-8). Sem ele, não existe missão, não existe evangelização. Por isso, com a Igreja toda, com nossa Madre Igreja Católica, imploremos: "Vinde, Espírito Santo!" Voltemo-nos à Virgem Maria, que naquela manhã do Pentecostes estava no Cenáculo; a Mãe com seus filhos. Nela, a força do Espírito Santo verdadeiramente realizou "grandes coisas" (Lc 1:49). Ela mesma disse isso. Ela, a Mãe do Redentor e Mãe da Igreja, obteve por sua intercessão uma renovada efusão do Espírito de Deus sobre a Igreja e sobre o mundo.

Eu gostaria de focar especialmente o fato de que *o Espírito Santo é a fonte inesgotável da vida de Deus em nós*. As pessoas de cada tempo e lugar desejam uma vida plena e bela, justa e boa, uma vida que não seja ameaçada pela morte, mas que ainda pode amadurecer e chegar à plenitude. A pessoa é como um viajante que, atravessando os desertos da vida, tem sede de água viva: borbulhante e fresca, capaz de saciar o profundo desejo de luz, amor, beleza e paz. Todos nós sentimos esse desejo! E Jesus nos dá essa água viva, que é o Espírito Santo, que procede do Pai e que Jesus derrama em nosso coração. "Eu vim para que as ovelhas tenham vida, e para que a tenham em abundância", diz Jesus (Jo 10:10).

A esta altura podemos nos perguntar: por que essa água sacia profundamente nossa sede? Sabemos que a água é essencial à vida; sem água, morremos. Ela sacia, lava e torna a terra fértil. Na carta aos Romanos encontramos estas palavras: "O amor de Deus foi derramado em nosso coração pelo Espírito Santo, que nos foi dado" (Rm 5:5). A "água viva" é o Espírito Santo, o dom do Ressuscitado que habita em nós, que nos purifica, ilumina, renova e transforma, porque ele nos torna participantes da vida de Deus, que é Amor. É por isso, diz o apóstolo Paulo, que a vida do cristão é movida pelo Espírito Santo e por seu fruto, que é "caridade, alegria, paz, paciência, afabilidade, bondade, fidelidade, brandura, temperança" (Gl 5:22-23). O Espírito Santo nos apresenta a vida divina como *"filhos do Filho unigênito"*.

O Espírito Santo nos ensina a ver com os olhos de Cristo, a viver a vida como Cristo viveu, a compreender a vida como Cristo a entendeu. É por isso que a água viva, que é o Espírito Santo, sacia nossa vida, é por isso que nos diz que somos amados por Deus como filhos, que podemos amar a Deus como seus filhos e que, por sua graça, podemos viver como filhos de Deus, como Jesus.

E nós, ouvimos o Espírito Santo? O que o Espírito Santo nos diz? Ele diz: *Deus ama vocês*. Ele nos diz isso. *Deus ama vocês, Deus gosta de vocês*. E nós, amamos a Deus e aos outros como Jesus ama? Deixemo-nos guiar pelo Espírito Santo, deixemos que fale ao nosso coração e que nos diga isso: Deus é amor, Deus está esperando por nós; Deus é Pai e nos ama como um verdadeiro pai; Ele nos ama verdadeiramente, e só o Espírito Santo pode dizer isso em nosso coração. Ouçamos o Espírito Santo, escutemos o Espírito Santo, e que possamos avançar nesse caminho de amor, misericórdia e perdão.

E mais: o Espírito Santo também nos permite falar com os homens por meio de *profecia*, fazendo de nós humildes e dóceis canais da Palavra de Deus. A profecia é feita com sinceridade, para abertamente demonstrar contradições e injustiças, mas sempre com compaixão e intenção construtiva. Energizados com o Espírito de amor, podemos ser sinais e instrumentos de Deus, que ama, que serve, que dá a vida.

Então, como o Espírito Santo age em nossa vida e na vida da Igreja a fim de nos guiar para a verdade? Antes de mais nada, ele relembra e imprime no coração dos crentes as palavras de Jesus, e, por meio dessas palavras, a lei de Deus — como os profetas do Antigo Testamento predisseram — é gravada em nosso coração e dentro de nós se torna um critério de avaliação nas decisões e de orientação em nossas ações diárias; torna-se um princípio de vida. É feita a grande profecia de Ezequiel: "Derramarei sobre vós águas puras, que vos purificarão de todas as vossas imundícies e de todas as vossas abominações. Dar-vos-ei um coração novo e em vós porei um espírito novo [...] Dentro de vós meterei meu espírito, fazendo que obedeçais às minhas leis e sigais e observeis os meus preceitos" (Ez 36:25-27). Na verdade, é em nossas mais íntimas profundezas que nossas ações passam a existir; é o coração que deve ser convertido a Deus, e o Espírito Santo o transforma quando nos abrimos para ele.

Alguns em Jerusalém teriam gostado de ver os discípulos de Jesus, morrendo de medo, trancafiados, de modo a não criar *confusão*. Ainda hoje, muitos gostariam disso para os cristãos. Mas o Senhor ressuscitado os empurra para o mundo: "Como o Pai me enviou, assim também eu vos envio a vós" (Jo 20:21). A Igreja do Pentecostes não se submete a ser impotente, "destilada" demais. Não, ela não se submete a isso! Ela não quer ser uma Igreja decorativa. É uma Igreja que não hesita em sair, conhecer as pessoas, proclamar a mensagem que lhe foi confiada, mesmo que a mensagem perturbe ou inquiete a consciência, mesmo que a mensagem talvez crie problemas e, às vezes, leve ao martírio. Ela nasce una e universal, com uma identidade distinta, mas aberta, uma Igreja que abraça o mundo, mas não o prende. Ela o deixa livre, mas o abraça como a colunata desta praça: dois braços que se abrem para receber, mas que não se fecham para deter. Nós, cristãos, somos livres, e a Igreja nos quer livres!

Na verdade, a Igreja manifesta sua fidelidade ao Espírito Santo na medida em que não tenta controlá-lo ou domá-lo. E a Igreja se mostra também quando rejeita a tentação de olhar só para dentro. Nós, cristãos, tornamo-nos verdadeiros discípulos missionários, capazes de desafiar as consciências, quando nos livramos de nossas defesas e nos permitimos ser guiados pelo Espírito. Ele é frescor, imaginação e novidade.

A *novidade* sempre nos causa um pouco de medo, porque nos sentimos mais seguros quando temos tudo sob controle, quando nós mesmos construímos, programamos e planejamos nossa vida de acordo com nossas próprias ideias, nosso próprio conforto, nossas próprias preferências. Esse é também o caso quando se trata de Deus. Muitas vezes nós o seguimos, aceitamos, mas só até certo ponto. É difícil nos abandonarmos a ele com total confiança, permitir que o Espírito Santo seja a alma e guia de nossa vida em cada decisão nossa. Tememos que Deus possa nos forçar a tomar novos caminhos e deixar para trás nossos horizontes tão estreitos, fechados e egoístas, para nos tornarmos abertos aos dele. No entanto, na história da salvação, quando Deus se revela, ele traz novidade — Deus sempre traz novidade —, e exige nossa total confiança: Noé, vítima do escárnio de todos, constrói uma arca e é salvo; Abraão deixa sua terra com apenas uma promessa na mão; Moisés enfrenta o poder do faraó e conduz seu povo à liberdade; os apóstolos, encolhidos e assustados no Cenáculo, seguem adiante com coragem de anunciar o Evangelho.

O Espírito Santo é a alma da *missão*. Os acontecimentos que tiveram lugar em Jerusalém, cerca de dois mil anos atrás, não estão muito distantes de nós; são acontecimentos que nos afetam e se tornam uma experiência vivida em cada um de nós. O Pentecostes do Cenáculo em Jerusalém é o começo, um começo que perdura. O Espírito Santo é a dádiva suprema do Cristo ressuscitado a seus apóstolos, mas ele quer que essa dádiva chegue a todos. No Evangelho de João, Jesus diz: "E eu rogarei ao Pai, e ele vos dará outro Paráclito, para que fique eternamente convosco" (14:16). É o Espírito Paráclito, o "Consolador", que nos concede a coragem de tomar as ruas do mundo, levar o Evangelho! O Espírito Santo nos faz olhar para o horizonte e nos leva à periferia da existência para que anunciemos a vida em Jesus Cristo.

Na intimidade com Deus e escutando sua Palavra, pouco a pouco vamos deixando de lado nossa própria maneira de pensar, que é mais frequentemente ditada por nossa visão tubular, por nosso preconceito e por nossas ambições, e aprendemos a perguntar ao Senhor: Qual é o seu desejo? Qual é a sua vontade? O que o agrada? Dessa forma, uma *harmonia* profunda, quase *conatural* no Espírito, cresce e se desenvolve dentro de nós, e nós experimentamos quão verdadeiras são as palavras de Jesus relatadas no Evangelho de Mateus: "Quando fordes presos, não vos preocupeis nem pela maneira com que haveis de falar, nem pelo que haveis de dizer: naquele momento, ser-vos-á inspirado o que haveis de dizer. Porque não sereis vós que falareis, mas é o Espírito de vosso Pai que falará em vós" (10:19-20). É o Espírito que nos aconselha, mas temos que abrir espaço para ele para que possa nos aconselhar. E dar espaço é rezar, rezar para que ele venha e nos ajude sempre.

Três ideias: *Ir, não ter medo e servir*. *Ir, não ter medo e servir*. Se seguirem essas três ideias, vocês vão ver que aquele que evangeliza é evangelizado, e que aquele que transmite a alegria da fé recebe mais alegria. Não tenham medo de ser generosos com Cristo, de testemunhar seu Evangelho. Quando Deus envia o profeta Jeremias, dá a ele o poder de "arrancar e demolir, arruinar e destruir, edificar e plantar" (ver Jr 1:10). É igual para vocês. Levar o Evangelho é levar o poder de Deus de arrancar e demolir o mal e a violência, arruinar e destruir as barreiras do egoísmo, da intolerância e do ódio, de modo a construir um novo mundo. Jesus Cristo conta com vocês! A Igreja conta com vocês! O papa conta com vocês! Que Maria, Mãe de Jesus e nossa Mãe, os acompanhe sempre com sua ternura: "Ide e fazei discípulos de todas as nações."

O temor ao Senhor é a dádiva do Espírito Santo, por meio de quem somos lembrados de como somos pequenos diante de Deus e de seu amor, e que nosso bem repousa humilde, respeitosa e confiantemente no abandono de suas mãos. Esse é o temor ao Senhor: o abandono na bondade de nosso Pai, que nos ama tanto.

O temor ao Senhor nos permite estar cientes de que tudo vem da graça e que nossa verdadeira força reside unicamente no seguimento do Senhor Jesus e em permitir que o Pai nos conceda sua bondade e misericórdia. [O temor ao Senhor nos ajuda] a abrir o coração, de modo que a bondade e a misericórdia de Deus podem vir a nós. Isso é o que o Espírito Santo faz por meio da dádiva do temor ao Senhor: ele abre corações. O coração se abre para que o perdão, a misericórdia, a bondade e a carícia do Pai possam vir a nós, pois, como filhos, somos infinitamente amados.

No entanto, devemos ter cuidado, pois a dádiva de Deus, a dádiva do temor ao Senhor, é também um "alarme" contra a obstinação do pecado. Quando se vive no mal, quando se blasfema contra Deus, quando se explora e tiraniza os outros, quando se vive apenas por dinheiro, por vaidade, pelo poder ou orgulho, o santo temor a Deus nos envia um aviso: Cuidado! Com todo esse poder, com todo esse dinheiro, com todo o seu orgulho, com toda a sua vaidade, vocês não serão felizes. Ninguém pode levar isso para o outro lado: nem o dinheiro, nem o poder, a vaidade ou o orgulho. Nada! Podemos levar somente o amor que Deus Pai nos dá, o abraço de Deus, aceito e recebido por nós com amor. E podemos levar o que fizemos pelos outros. Tomem cuidado para não depositar sua esperança no dinheiro ou no orgulho, no poder ou na vaidade, pois isso não pode lhes prometer nada de bom!

Eu gostaria de acrescentar uma palavra sobre outra situação particular de trabalho que me preocupa: refiro-me ao que poderíamos definir como "trabalho escravo", trabalho que escraviza. Quantas pessoas no mundo são vítimas desse tipo de escravidão, quando a pessoa está a serviço de seu trabalho, sendo que o trabalho é que deve oferecer um serviço às pessoas, para que elas possam ter dignidade? Peço aos meus irmãos e irmãs de fé e a todos os homens e mulheres de boa vontade uma escolha decisiva para combater o tráfico de pessoas, no qual existe o "trabalho escravo".

Estou pensando em quem vive do tráfico de seres humanos ou do trabalho escravo; vocês acham que essas pessoas que traficam, que exploram outras pessoas por meio do trabalho escravo, têm amor a Deus em seu coração? Não, elas não temem o Senhor, e não são felizes. Não são. Penso em todos aqueles que fabricam armas para fomentar guerras; pensem em que tipo de trabalho é esse. Tenho certeza de que, se eu perguntasse: "Quantos de vocês fabricam armas?", a resposta seria nenhum; ninguém. Os fabricantes de armas não vêm ouvir a Palavra de Deus! Essas pessoas fabricam morte; são mercadores da morte, e transformam a morte em uma mercadoria. Que o temor ao Senhor possa fazê-los entender que um dia tudo chega ao fim e que terão que prestar contas a Deus.

O temor ao Senhor, portanto, não faz de nós cristãos tímidos e submissos; [ao contrário], desperta em nós coragem e força! É um dom que faz de nós cristãos convictos, entusiasmados, que não são submissos ao Senhor por medo, e sim porque somos movidos e conquistados por seu amor! Ser conquistado pelo amor de Deus! Isso é algo bonito! Permitamos ser conquistados por esse amor de um Pai que nos ama, que nos ama com todo o seu coração.

Caros amigos, o Salmo 34 nos diz para rezar assim: "Clamou este pobre, e o Senhor o ouviu, e o salvou de todas as suas angústias. O anjo do Senhor acampa-se ao redor dos que o temem, e os livra" (6-7). Peçamos ao Senhor a graça de unir nossa voz à dos pobres, de acolher a dádiva do temor ao Senhor e sermos capazes de reconhecer a nós mesmos, juntamente com eles, ocultos na misericórdia e no amor de Deus, que é nosso Pai, nosso papai. Deixem que assim seja.

10

A IGREJA, GRANDE FAMÍLIA DE DEUS

Não é possível "amar a Cristo sem a Igreja; escutar a Cristo sem a Igreja; pertencer a Cristo, mas fora da Igreja". Pois a Igreja é a grande família de Deus, que traz Cristo para nós. Nossa fé não é uma doutrina ou filosofia abstrata, e sim uma relação vital e plena com uma pessoa: Jesus Cristo, o Filho unigênito de Deus, que se fez homem, foi condenado à morte, ressuscitou dos mortos para nos salvar e agora vive entre nós. Onde podemos encontrá-lo? Nós o encontramos na Igreja, em nossa hierárquica Santa Madre Igreja. É a Igreja que diz hoje: "Eis o Cordeiro de Deus"; é a Igreja que o proclama; é na Igreja que Jesus continua a realizar seus atos de graça, que são os sacramentos.

Cristo é o templo vivo do Pai, e o próprio Cristo constrói sua "casa espiritual": a Igreja não é feita de pedras materiais, e sim de "pedras vivas", que somos nós. O apóstolo Paulo disse aos cristãos de Éfeso: Vocês estão "edificados sobre o fundamento dos apóstolos e profetas, tendo por pedra angular o próprio Cristo Jesus. É nele que todo edifício, harmonicamente disposto, se levanta, até formar um templo santo no Senhor. É nele que vós outros entrais conjuntamente, pelo Espírito, na estrutura do edifício que se torna a habitação de Deus" (Ef 2:20-22). Isso é bonito! Nós somos as pedras vivas do edifício de Deus, profundamente unidos a Cristo, que é a pedra angular e também aquele que nos sustenta. O que isso significa? Significa que somos o templo — somos a Igreja viva, o templo vivo —, e conosco, quando estamos juntos, está também o Espírito Santo, que nos ajuda a crescer como Igreja. Não estamos sozinhos, pois somos o Povo de Deus: isso é a Igreja!

Então, de onde nasce a Igreja? Ela nasce do ato supremo de amor da cruz, do flanco transpassado de Jesus, de onde fluiu sangue e água, um símbolo do sacramento da Eucaristia e do batismo. A alma da família de Deus, da Igreja, é o amor de Deus, que é atualizado no amor a ele e aos outros, todos os outros, sem distinção ou reserva. A Igreja é uma família na qual amamos e somos amados.

> *A alma da família de Deus, da Igreja, é o amor de Deus, que é atualizado no amor a ele e aos outros, todos os outros, sem distinção ou reserva.*

A atividade e a missão da Igreja são expressões de sua maternidade. Pois ela é como uma mãe que ternamente abraça Jesus e o dá a todos com alegria e generosidade. Nenhuma manifestação de Cristo, mesmo a mais mística, pode jamais ser separada da carne e do sangue da Igreja, da concretude histórica do Corpo de Cristo. Sem a Igreja, Jesus Cristo acaba como uma ideia, um ensinamento moral, um sentimento. Sem a Igreja, nossa relação com Cristo ficaria à mercê de nossa imaginação, de nossas interpretações e humores.

Qual é o plano de Deus? É fazer de todos nós uma única família de seus filhos, na qual cada pessoa sente que Deus está próximo e se sente amada por ele; como na parábola do Evangelho, sente o calor de ser família de Deus. A Igreja está enraizada nesse grande plano. Ela não é uma organização criada por um acordo entre algumas pessoas, e, sim, como o papa Bento XVI tantas vezes nos recordou, é uma obra de Deus, nascida justamente desse desígnio amoroso, gradualmente realizada na história. A Igreja nasce do desejo de Deus de chamar todas as pessoas à comunhão com ele, à amizade com ele, de fato, a compartilhar sua própria vida divina como seus filhos e filhas. A palavra *igreja*, do grego *ekklesia*, significa "convocação": Deus nos convoca, ele nos impele a sair de nosso individualismo, de nossa tendência a nos fecharmos em nós mesmos, e nos chama a pertencer à sua família.

A Igreja não descansa somente à sombra de nossa torre; ela abraça um grande número de povos e nações que professam a mesma fé, nutridos pela mesma Eucaristia e servidos pelos mesmos pastores. Como é bonito sentir que estamos em comunhão com toda a Igreja, com todas as comunidades católicas do mundo, grandes e pequenas! E, então, sentir que estamos todos em missão, tanto as grandes quanto as pequenas comunidades, que todos nós devemos abrir nossas portas e sair, pelo bem do Evangelho. Perguntemo-nos, então: O que eu faço para comunicar aos outros a alegria do encontro com o Senhor, a alegria de pertencer à Igreja? Anunciar e testemunhar a fé não é trabalho de poucos; também diz respeito a mim, a vocês, a cada um de nós!

O que posso fazer, eu, um fraco e frágil pecador? Deus diz: Não tenham medo da santidade; Não tenham medo de sonhar alto, de se deixar ser amados e purificados por Deus. Não tenham medo de se deixar guiar pelo Espírito Santo. Sejamos contagiados pela santidade de Deus. Cada cristão é chamado à santidade, e a santidade não consiste, especialmente, em fazer coisas extraordinárias, e sim em permitir que Deus aja. [Santidade] é a união de nossas fraquezas com a força da graça de Deus; é ter fé em sua ação, que nos permite viver na caridade, fazer tudo com alegria e humildade, para a glória de Deus, e como um serviço ao próximo. Há um ditado célebre do escritor francês Léon Bloy, que nos últimos momentos de vida disse: "A única tristeza real na vida é não se tornar santo." Não percamos a esperança da santidade, sigamos esse caminho. Não queremos ser santos? O Senhor nos espera, de braços abertos; espera, para nos acompanhar no caminho rumo à santidade. Vivamos na alegria de nossa fé, deixemo-nos ser amados pelo Senhor [...] em oração peçamos essa dádiva de Deus, para nós mesmos e para os outros.

Podemos dizer que [a Igreja] é como a vida familiar. Na família, tudo que nos permite crescer, amadurecer e viver é dado a cada um de nós. Não podemos crescer sozinhos, não podemos fazer a jornada sozinhos, de forma isolada. Ao contrário, nós viajamos e crescemos em uma comunidade, em uma família. E assim é na Igreja! Na Igreja, podemos ouvir a Palavra de Deus com a certeza de que é a mensagem que o Senhor nos deu. Na Igreja, podemos encontrar o Senhor nos sacramentos, que são as janelas abertas por meio das quais a luz de Deus nos é dada, córregos pelos quais podemos nos aproximar da vida de Deus. Na Igreja, aprendemos a viver na comunhão e no amor, que vêm de Deus. Cada um de nós pode se perguntar, hoje: Como eu vivo na Igreja? Quando vou à igreja? É como se eu estivesse no estádio, em um jogo de futebol? É como se eu estivesse no cinema? Não, é outra coisa. Como faço para ir à igreja? Como faço para receber as dádivas que a Igreja me oferece para crescer e amadurecer como um cristão? Participo da vida da comunidade ou vou à igreja e me fecho em meus problemas, me isolo dos outros? Nesse primeiro sentido, a Igreja é católica, porque é a casa de todos. Todo mundo é um filho da Igreja, e nela todos encontram sua casa.

Nosso pensamento vai primeiro, com gratidão, para *aqueles que foram antes de nós* e que nos receberam na Igreja. Ninguém se torna cristão sozinho. Está claro isso? Ninguém se torna cristão sozinho. Os cristãos não são feitos em laboratório. Um cristão é parte de um povo que vem de longe. O cristão pertence a um povo chamado Igreja, e essa Igreja é o que nos transforma em cristãos, no dia do batismo e depois, na catequese, e assim por diante. Mas ninguém, ninguém se torna cristão sozinho. Se acreditamos, se sabemos como orar, se reconhecemos o Senhor e podemos ouvir sua Palavra, se o sentimos perto de nós e o reconhecemos em nossos irmãos e em nossas irmãs, é porque outros, antes de nós, viveram a fé e, depois, a transmitiram para nós.

Nosso testemunho é fazer com que os outros entendam o que significa ser cristão. Peçamos para não sermos fonte de escândalo. Peçamos o dom da fé, de modo que possamos entender como, apesar da nossa pequenez e pobreza, o Senhor nos fez um verdadeiro veículo de graça e um sinal visível de seu amor por toda a humanidade. Podemos nos tornar causa de escândalo, sim; mas também podemos nos tornar testemunhas, dizendo com nossa vida o que Jesus quer de nós.

11
MARIA, MODELO DE UNIÃO COM CRISTO

Maria está intimamente unida a Jesus, porque ela recebeu dele o conhecimento do coração, o conhecimento da fé, alimentada por sua experiência como mãe e por sua estreita relação com o filho. A Santíssima Virgem é a mulher de fé que abriu espaço para Deus em seu coração e em seus planos; ela é a crente capaz de perceber no dom de seu Filho a vinda daquela "plenitude dos tempos" (Gl 4:4) na qual Deus, escolhendo o caminho humilde da existência humana, entrou pessoalmente na história da salvação. É por isso que Jesus não pode ser entendido sem a mãe.

Na mensagem do anjo, Maria não esconde sua surpresa. É a surpresa de perceber que Deus, para se tornar homem, a havia escolhido, uma simples criada de Nazaré. Não alguém que vivia em um palácio, entre o poder e a riqueza, nem que havia feito coisas extraordinárias, mas simplesmente alguém que estava aberto a Deus e que depositou sua confiança nele, mesmo sem entender tudo: "Eis aqui a serva do Senhor; cumpra-se em mim segundo a tua palavra" (Lc 1:38). Esta foi sua resposta. Deus sempre nos surpreende; ele explode nossas categorias, estraga nossos planos. E ele nos diz: "Confia em mim, não tenhas medo, deixa-te surpreender, deixa-te para trás e segue-me!"

Na Anunciação, o mensageiro de Deus chama Maria "cheia de graça" e lhe revela esse plano. Maria responde que sim, e a partir desse momento sua fé recebe nova luz, que se concentra em Jesus, o Filho de Deus, que dela se fez carne e em quem todas as promessas da história da salvação são cumpridas. A fé de Maria é o cumprimento da fé de Israel; toda a jornada, todo o caminho das pessoas que aguardam a redenção está contido nela, e é nesse sentido que ela é o modelo de fé da Igreja, que tem Cristo, a encarnação do amor infinito de Deus, como seu centro.

Foi justamente a vida normal de Nossa Senhora que serviu de base para a relação única e o diálogo profundo que se desenrolaram entre ela e Deus, entre ela e seu filho.

Como Maria vive essa fé? Vive-a na simplicidade das mil tarefas diárias e as preocupações de cada mãe, como prover alimentos e roupas, cuidar da casa... Foi justamente a vida normal de Nossa Senhora que serviu de base para a relação única e o diálogo profundo que se desenrolaram entre ela e Deus, entre ela e seu filho. O sim de Maria, já perfeito desde o início, cresceu até a hora da cruz. Ali, sua maternidade se abriu para abraçar cada um de nós, nossa vida, de modo a nos guiar a seu Filho. Como primeira e perfeita discípula de Jesus, Maria viveu permanentemente imersa no mistério de Deus feito homem, contemplando tudo em seu coração à luz do Espírito Santo, a fim de compreender e viver a vontade de Deus.

Podemos também louvar [Deus] e glorificá-lo, como os pastores que chegaram de longe, de Belém, com uma canção de agradecimento depois de ver o menino e sua jovem mãe (Lc 2:16). Os dois estavam juntos, assim como estavam juntos no Calvário, porque *Cristo e sua mãe são inseparáveis*. Há uma relação muito estreita entre eles, como há entre cada filho e sua mãe. A carne (*caro*) de Cristo — que, como diz Tertuliano, é o gonzo (*cardo*) de nossa salvação — foi tecida no ventre de Maria (ver Sl 139:13). Essa qualidade do inseparável também resulta do fato de que Maria, escolhida de antemão para ser a Mãe do Redentor, compartilhou intimamente toda a sua missão, mantendo-se ao lado de seu Filho no fim, no Calvário.

Maria [é] o modelo de caridade. De que forma Maria é um exemplo vivo de amor pela Igreja? Pensemos na prontidão que ela demonstrou para com sua prima Isabel. Ao visitá-la, a Virgem Maria levou não só ajuda material — levou isso também —, mas também levou Jesus, que já vivia em seu ventre. Levar Jesus àquela casa significou levar alegria, a plenitude da alegria. Isabel e Zacarias se regozijaram com uma gravidez que parecia impossível naquela idade, mas foi a jovem Maria que lhes levou a plenitude da alegria, a alegria que vem de Jesus e do Espírito Santo, e é expressa pela caridade gratuita, compartilhando, ajudando e compreendendo os outros.

Maria [é] o modelo de união com Cristo. A vida da Santíssima Virgem era a de uma mulher de seu povo: Maria orava, trabalhava e ia à sinagoga [...] Mas toda ação era realizada em perfeita união com Jesus. Essa união encontra seu ponto culminante no Calvário. Ali Maria está unida ao Filho no martírio de seu coração e na oferta de sua vida ao Pai, para a salvação da humanidade. Nossa Senhora compartilhou a dor do Filho e aceitou, com ele, a vontade do Pai, com aquela obediência que dá frutos, que concede a verdadeira vitória sobre o mal e a morte.

Maria diz: "Minha alma glorifica o Senhor." Hoje, a Igreja também canta isso em todas as partes do mundo. Essa canção é particularmente forte em lugares onde o Corpo de Cristo está sofrendo a Paixão. Para nós, cristãos, onde quer que esteja a cruz, sempre há esperança. Se não há esperança, não somos cristãos. É por isso que gosto de dizer: "Não permitam que lhes roubem a esperança." Nós não podemos ter a esperança roubada, porque essa força é uma graça, uma dádiva de Deus que nos leva para a frente, com os olhos fixos no céu. E Maria está sempre ali, perto daquelas comunidades, nossos irmãos e irmãs; ela os acompanha, sofre com eles e canta o Magnificat da esperança com eles.

Maria também sofreu o martírio da cruz: o martírio de seu coração, o martírio de sua alma. Ela viveu a paixão de seu filho nas profundezas da alma. Esteve totalmente unida a ele em sua morte, e, assim, recebeu a dádiva da Ressurreição. Cristo é o primeiro fruto dos mortos, e Maria é a primeira dos redimidos, a primeira "daqueles que são em Cristo". Ela é nossa Mãe, mas também podemos dizer que é nossa representante, nossa irmã, nossa irmã mais velha. Ela é a primeira dos redimidos, que chegou ao céu.

Ao longo de nosso caminho, que é muitas vezes difícil, não estamos sozinhos. Somos muitos, somos um povo, e o olhar de Nossa Senhora nos ajuda a vermos uns aos outros como irmãos e irmãs. Olhemos uns aos outros de uma forma mais fraterna! Maria nos ensina a ter esse olhar que se esforça para acolher, acompanhar e proteger. Aprendamos a olhar um para o outro sob o olhar materno de Maria! Algumas pessoas que instintivamente consideramos "menos", mas que estão em maior necessidade: os abandonados, os mais doentes, aqueles que não têm nada para viver, aqueles que não conhecem Jesus, os jovens que se encontram em dificuldade, os jovens que não conseguem arranjar emprego.

Maria sempre esteve presente no coração do povo cristão, na piedade dele, e, acima de tudo, em sua peregrinação de fé. "A Igreja caminha no tempo [...] Mas nesta caminhada a Igreja procede seguindo as pegadas do *itinerário* percorrido pela Virgem Maria" (*Redemptoris Mater*, 2). Nosso caminho de fé é o mesmo que o de Maria, e, assim, sentimos que ela está particularmente perto de nós. No que diz respeito à fé — o gonzo do cristão —, a Mãe de Deus partilhou nossa condição. Ela teve que tomar o mesmo caminho que nós, um caminho às vezes difícil e obscuro. Ela teve que avançar na "peregrinação da fé" (*Lumen gentium*, 58).

Nossa peregrinação de fé está inseparavelmente ligada a Maria desde que Jesus, ao morrer na cruz, deu-a a nós como nossa Mãe, dizendo: "Eis aí tua mãe!" (Jo 19:27). Essas palavras servem como um testamento, legando uma mãe ao mundo. A partir desse momento, a Mãe de Deus também se tornou nossa Mãe! Quando a fé dos discípulos foi mais testada por dificuldades e incertezas, Jesus os confiou a Maria, que foi a primeira a acreditar e cuja fé nunca falhou. A "mulher" se tornou nossa mãe quando ela perdeu seu divino Filho. Seu coração sofrido se ampliou para dar espaço a todos os homens e mulheres — todos, sejam bons ou maus —, e ela os ama como amava Jesus. A mulher que nas bodas de Caná, na Galileia, deu sua cooperação cheia de fé para que as maravilhas de Deus pudessem ser exibidas ao mundo, manteve no Calvário, viva, a chama da fé na ressurreição de seu Filho, e ela comunica isso a cada pessoa, com carinho materno. Maria se torna, dessa forma, uma fonte de esperança e de alegria verdadeira.

A Mãe do Redentor nos precede e constantemente nos fortalece na fé, em nossa vocação e em nossa missão. Por seu exemplo de humildade e abertura à vontade de Deus, ela nos ajuda a transmitir nossa fé em um alegre anúncio do Evangelho, a todos, sem reservas. Assim nossa missão será frutífera, porque é modelada sobre a maternidade de Maria. A ela confiamos nosso caminho de fé, os desejos de nosso coração, nossas necessidades e as necessidades de todo mundo, especialmente daqueles que têm fome e sede de justiça e paz, e de Deus.

Não tenhamos medo de sair e olhar para nossos irmãos e irmãs com o olhar de Nossa Senhora. Ela nos convida a ser verdadeiros irmãos e irmãs. E que nunca permitamos que algo ou alguém se interponha entre nós e o olhar de Nossa Senhora. Mãe, conceda-nos seu olhar! Que ninguém se esconda dele! Que nosso coração de criança saiba como se defender dos muitos "falastrões" que fazem falsas promessas, de quem recebemos um olhar ávido por uma vida fácil e cheio de promessas que não podem ser cumpridas. Que eles não nos roubem o olhar de Maria, que é cheio de ternura, que nos dá força e constrói a solidariedade entre nós. Digamos juntos: Mãe, conceda-nos seu olhar!

12
OS SANTOS, ANCORADOS NA ESPERANÇA

A Festa de Todos os Santos, que hoje celebramos, lembra-nos que o objetivo de nossa existência não é a morte, e sim o paraíso! O apóstolo João escreve: "E ainda não é manifestado o que havemos de ser. Mas sabemos que, quando ele se manifestar, seremos semelhantes a ele; porque assim como é, o veremos" (1 Jo 3:2). Os santos — que são os amigos de Deus — asseguram-nos essa promessa, que não desilude. Durante sua existência terrena eles viviam em profunda comunhão com Deus. Nos rostos dos mais humildes e pobres dos nossos irmãos, dos menores e mais desprezados irmãos, eles viam o rosto de Deus, e agora o contemplam, cara a cara, em sua beleza gloriosa.

E no Dia de Todos os Santos e no primeiro dia em que comemoramos os fiéis falecidos, precisamos pensar um pouco nessa esperança que nos acompanha na vida. Os primeiros cristãos representavam a esperança com uma âncora, como se a vida fosse uma âncora lançada na costa do paraíso e todos nós caminhássemos para essa praia, segurando-nos na corda da âncora. Essa é uma bela imagem da esperança: ter nosso coração ancorado lá, onde estão nossos amados ancestrais, onde estão os santos, onde está Jesus, onde está Deus. Essa é a esperança que não desilude: hoje e amanhã são dias de esperança.

Por meio dessa festa os santos nos dão uma mensagem. Eles nos dizem: "Confiem no Senhor, porque o Senhor não decepciona!" Ele nunca decepciona, ele é um bom amigo, sempre ao nosso lado. Por meio de seu testemunho os santos nos encorajam a não ter medo de ir contra a maré ou de sermos mal-interpretados e ridicularizados quando falamos de Jesus e do Evangelho. Com sua vida, os santos nos mostram que aquele que permanece fiel a Deus e à sua Palavra vive o conforto do amor de Deus nesta Terra, e, a seguir, "100 vezes mais", na eternidade. Isso é o que nós esperamos e pedimos ao Senhor, aos nossos irmãos e irmãs falecidos. Com sua sabedoria, a Igreja situou a Festa de Todos os Santos e o Dia de Finados próximos um do outro. Que nossa oração de louvor a Deus e veneração dos espíritos abençoados se junte à oração de sufrágio pelas almas daqueles que nos precederam na passagem deste mundo para a vida eterna.

Os santos são pessoas que, por amor a Deus, não impuseram condições para ele em sua vida; eles não eram hipócritas, passaram a vida a serviço dos outros. Sofreram muitas adversidades, mas sem ódio. Os santos nunca odiaram. Entendam isso muito bem: o amor é de Deus! Então, de quem vem o ódio? O ódio não vem de Deus, e sim do diabo! E os santos se afastam do diabo; os santos são homens e mulheres que têm alegria no coração e a espalham para os outros. Nunca ódio, e sim serviço aos outros, [especialmente] os mais necessitados. Orar e viver em alegria, esse é o caminho da santidade!

Ser santo não é um privilégio para poucos, como se fosse uma grande herança; no batismo todos nós temos uma herança, que é a capacidade de nos tornarmos santos. A santidade é vocação de todos. Assim, todos nós somos chamados a trilhar o caminho da santidade, e esse caminho tem um nome e um rosto: Jesus Cristo. Ele nos ensina a ser santos. No Evangelho ele nos mostra o caminho; o caminho das bem-aventuranças: (cf. Mt 5:1-12).

> *Ser santo não é um privilégio para poucos, como se fosse uma grande herança; no batismo todos nós temos uma herança, que é a capacidade de nos tornarmos santos. A santidade é vocação de todos.*

Quando estamos enraizados na fonte do Amor, que é Deus, um movimento recíproco também ocorre: dos irmãos a Deus. A experiência de comunhão fraterna me leva à comunhão com Deus. A união entre nós leva à união com Deus; leva-nos a esse vínculo com Deus, que é nosso Pai. Esse é o segundo aspecto da comunhão dos santos que eu gostaria de sublinhar: nossa fé precisa do apoio dos outros, especialmente nos momentos difíceis.

Quando estamos unidos, nossa fé se torna mais forte. Como é bonito nos apoiarmos mutuamente na maravilhosa aventura de fé!

A comunhão dos santos vai *além da vida terrena, além da morte, e dura para sempre*. Essa união entre nós vai além desta vida, e continua nos santos, ancorados na esperança na próxima vida; é uma comunhão espiritual nascida no batismo e não quebrada pela morte; graças a Cristo ressuscitado, está destinada a encontrar sua plenitude na vida eterna. Há um vínculo profundo e indissolúvel entre aqueles que ainda são peregrinos neste mundo — nós — e aqueles que cruzaram o limiar da morte e entraram na eternidade. Todos os batizados aqui na Terra, as almas do purgatório e todos os bem-aventurados que já estão no paraíso formam uma grande família. Essa comunhão entre a Terra e o céu se realiza especialmente na oração de intercessão.

Todos nós devemos nos perguntar: Como posso dar testemunho de Cristo por meio de minha fé? Acaso tenho a coragem de Pedro e dos outros apóstolos para pensar, para escolher e viver como cristão, obediente a Deus? Tenham certeza de que o testemunho de fé vem em muitas formas, assim como em um grande afresco há variedade de cores e tonalidades; mas são todas importantes, mesmo aquelas que não se destacam. No grande plano de Deus, cada detalhe é importante: até o seu, o meu testemunho humilde, mesmo o testemunho oculto daqueles que vivem sua fé com a simplicidade nas relações familiares diárias, nas relações de trabalho e amizade.

Há os santos de cada dia, os santos "escondidos", uma espécie de "classe média da santidade", como um autor francês disse; aquela classe média da santidade à qual todos nós podemos pertencer. Mas em diferentes partes do mundo há também aqueles que sofrem, como Pedro e os apóstolos, segundo o Evangelho; há aqueles que dão sua vida a fim de permanecer fiéis a Cristo por meio de um testemunho marcado pelo derramamento de seu sangue. Lembremos todos: não se pode anunciar o Evangelho de Jesus sem o testemunho tangível da vida. Aqueles que nos escutam e observam devem conseguir ver em nossas ações o que ouvem dos nossos lábios, e, assim, dar glória a Deus! Estou pensando agora em alguns conselhos que São Francisco de Assis deu a seus irmãos: Preguem o Evangelho, e, se necessário, usem palavras. Preguem com sua vida, com seu testemunho.

Os santos não são super-homens, nem nasceram perfeitos. Eles são como nós, como cada um de nós. São pessoas que, antes de atingir a glória do paraíso, viveram vidas normais, com alegrias e tristezas, lutas e esperanças. O que fez mudar a vida deles? Quando reconheceram o amor de Deus, seguiram-no com todo o coração, sem reservas ou hipocrisia. Eles passaram a vida servindo aos outros; suportaram sofrimento e adversidades sem ódio e responderam ao mal com o bem, espalhando alegria e paz. Essa é a vida de um santo.

Isso está acontecendo hoje. Parece que ninguém leva em conta essas pessoas, essas crianças que estão com fome e doentes. É como se elas fossem de uma espécie diferente, como se não fossem humanas. E essa multidão está diante de Deus e pede: "Salvação, por favor! Paz, por favor! Pão, por favor! Trabalho, por favor! Filhos e avós, por favor! Jovens com a dignidade da capacidade de trabalhar, por favor!" Entre eles estão também os que são perseguidos por sua fé: "E um dos anciãos me falou, dizendo: Estes que estão vestidos de vestes brancas, quem são, e de onde vieram? [...] Estes são os que vieram da grande tribulação, e lavaram as suas vestes e as branquearam no sangue do Cordeiro" (Ap 7:13-14). E hoje, sem exagero, hoje, na Festa de Todos os Santos, eu gostaria que pensássemos em tudo isso, nos santos desconhecidos. Pecadores como nós, pior que nós, arrasados. Que possamos pensar nessa multidão de pessoas que estão em grande aflição. A maior parte do mundo está em tribulação. E o Senhor santifica essas pessoas, pecadoras como nós, mas santifica essas pessoas na tribulação.

Na verdade, o Reino dos Céus é para aqueles que não depositam sua segurança nas coisas materiais, e sim no amor a Deus; para aqueles que têm coração humilde e simples, que não fingem ser justos e não julgam os outros. O Reino dos Céus é para aqueles que sabem sofrer com os que sofrem e se alegrar quando os outros se alegram. Eles não são violentos, eles são misericordiosos, e se esforçam para ser instrumentos de reconciliação e de paz. Santos, sejam homens ou mulheres, são instrumentos de reconciliação e de paz; estão sempre ajudando as pessoas a se reconciliar e ajudando a trazer a paz. A santidade é bela; é um belo caminho!

NOTAS FINAIS

Página 1: Jesus Cristo é o rosto da misericórdia do Pai [...] Bula, 11 de abril de 2015. (www.vatican.va)

Página 7: No Evangelho, o essencial é a misericórdia [...] Audiência Geral, 10 de setembro de 2014. (www.vatican.va)

Página 7: A Igreja é mãe e ensina a seus filhos obras de misericórdia [...] Audiência Geral, 10 de setembro de 2014. (www.vatican.va)

Página 7: Alguém poderia dizer: "Mas, padre, eu não tenho tempo" [...] Audiência Geral, 27 de março de 2013. (www.vatican.va).

Página 8: Quando entramos em nosso coração [...] Homilia, terceiro domingo da Quaresma, 8 de março de 2015. (www.vatican.va)

Página 8: A Igreja, que é santa, não rejeita os pecadores [...] Audiência Geral, 2 de outubro de 2013. (www.vatican.va)

Página 9: Diz o profeta Oseias: "Eu caminhei contigo [...]" Audiência Geral, 18 de junho de 2014. (www.vatican.va)

Página 9: Queridos irmãos e irmãs, o Senhor não se cansa [...] Homilia, Basílica de Santa Sabina, 18 de fevereiro de 2015. (www.vatican.va)

Página 10: Celebrar o sacramento da reconciliação [...] Audiência Geral, 19 de fevereiro de 2014. (www.vatican.va)

Página 10: Na Igreja, o Deus que encontramos [...] Audiência Geral, 2 de outubro de 2013. (www.vatican.va)

Página 10: [O pai da parábola] [...] Audiência Geral, 27 de março de 2013. (www.vatican.va)

Página 10: Alguém pode dizer: Eu me confesso somente a Deus [...] Audiência Geral, 19 de fevereiro de 2014. (www.vatican.va)

Página 11: A Reconciliação é um sacramento de cura [...] Audiência Geral, 19 de fevereiro de 2014. (www.vatican.va)

Página 11: O perdão de nossos pecados não é algo [...] Audiência Geral, 19 de fevereiro de 2014. (www.vatican.va)

Página 11: Jesus deu aos apóstolos o poder de perdoar pecados [...] Audiência Geral, 20 de novembro de 2013. (www.vatican.va)

Página 12: Não tenham medo da confissão! [...] Audiência Geral, 19 de fevereiro de 2014. (www.vatican.va)

Página 12: Talvez muitos não entendam a dimensão eclesiástica [...] Audiência Geral, 20 de novembro de 2013. (www.vatican.va)

Página 12: Há um ícone bíblico que expressa [...] Audiência Geral, 26 de fevereiro de 2014. (www.vatican.va)

Página 13: Essa instrução é repetida [...] Audiência Geral, 26 de fevereiro de 2014. (www.vatican.va)

Página 13: Mas quando alguém está doente, e dizemos [...] Audiência Geral, 26 de fevereiro de 2014. (www.vatican.va)

Página 14: Mas o maior conforto vem [...] Audiência Geral, 26 de fevereiro de 2014. (www.vatican.va)

Página 14: E eu lhes digo, em verdade: fico triste [...] Homilia, Basílica de São Pedro, 11 de maio de 2014. (www.vatican.va)

Página 14: todos eles têm algo em comum [...] Discurso, Praça de São Pedro, 18 de maio de 2013. (www.vatican.va)

Página 15: Se alguém entende seu irmão [...] Homilia, 16 de fevereiro de 2014. (www.vatican.va)

Página 15: Pense nas fofocas [entre os seguidores de Jesus] [...] Homilia, quinto domingo da Quaresma, 17 de março de 2013. (www.vatican.va)

Página 16: Eu gostaria de enfatizar mais uma coisa [...] Homilia, Basílica de São João de Latrão, Domingo da Divina Misericórdia, 7 de abril de 2013. (www.vatican.va)

Página 16: Isto é importante: a coragem de confiar na misericórdia de Jesus [...] Homilia, Basílica de São João de Latrão, Domingo da Divina Misericórdia, 7 de abril de 2013. (www.vatican.va)

Página 17: Jesus nos desafia [...] a levar a sério [...] Mensagem do papa Francisco para o XXIX Dia Mundial da Juventude, 21 de janeiro de 2014. (www.vatican.va)

Página 19: A origem da escuridão [...] Homilia, Basílica de São Pedro, 24 de dezembro de 2014. (www.vatican.va)

Página 19: Na Bíblia, Deus sempre aparece [...] Discurso, Basílica de São Pedro, 23 de novembro de 2013. (www.vatican.va)

Página 20: A Palavra de Deus montou sua tenda entre nós [...] *Angelus*, Praça de São Pedro, 5 de janeiro de 2014. (www.vatican.va)

Página 20: Jesus é todo misericórdia [...] *Angelus*, Praça de São Pedro, 15 de setembro de 2013. (www.vatican.va)

Página 20: [Recordemos] Pedro: três vezes ele negou Jesus [...] Homilia, Basílica de São João de Latrão, Domingo da Divina Misericórdia, 7 de abril de 2013. (www.vatican.va)

Página 20: Jesus, quando na cruz [...] Meditação matutina na capela da Casa de Santa Marta, 28 de junho de 2013. (www.vatican.va)

Página 21: O Evangelho nos apresenta o episódio [...] *Angelus*, Praça de São Pedro, 17 de março de 2013. (www.vatican.va)

Página 21: O apóstolo Tomé pessoalmente experimenta [...] Homilia, Basílica de São João de Latrão, Domingo da Divina Misericórdia, 7 de abril de 2013. (www.vatican.va)

Página 21: Pensemos também nos dois discípulos [...] Homilia, Basílica de São João de Latrão, Domingo da Divina Misericórdia, 7 de abril de 2013. (www.vatican.va)

Página 22: Nossa vida é, às vezes, semelhante à do cego [...] *Angelus*, Praça de São Pedro, quarto domingo da Quaresma, 30 de março de 2014. (www.vatican.va)

Página 22: A liturgia propõe várias parábolas evangélicas [...] *Angelus*, Praça de São Pedro, 20 de julho de 2014. (www.vatican.va)

Página 23: O ensinamento da parábola é duplo [...] *Angelus*, Praça de São Pedro, 20 de julho de 2014. (www.vatican.va)

Página 23: E aqui chegamos ao segundo tema [...] *Angelus*, Praça de São Pedro, 20 de julho de 2014. (www.vatican.va)

Página 23: Com paciência e misericórdia ele olha [...] *Angelus*, Praça de São Pedro, 20 de julho de 2014. (www.vatican.va)

Página 23: A atitude do dono do campo [...] *Angelus*, Praça de São Pedro, 20 de julho de 2014. (www.vatican.va)

Página 23: No final, de fato, o mal será removido [...] *Angelus*, Praça de São Pedro, 20 de julho de 2014. (www.vatican.va)

Página 24: O Senhor sempre escolhe seu caminho [...] Meditação matutina na capela da Casa de Santa Marta, 28 de junho de 2013. (www.vatican.va)

Página 24: O Senhor não tem pressa [...] Meditação matutina na capela da Casa de Santa Marta, 28 de junho de 2013. (www.vatican.va)

Página 24: Deus nos pede fidelidade [...] Meditação matutina na capela da Casa de Santa Marta, 28 de novembro de 2013. (www.vatican.va)

Página 25: [Ouvir] sempre exige paciência [...] *Evanglii Gaudium*, n. 171. (www.vatican.va)

Página 25: "O Senhor que caminha com Deus [...]" Meditação matutina na capela da Casa de Santa Marta, 8 de setembro de 2014. (www.vatican.va)

Página 25: E, acima de tudo, um amor que é paciente [...] Homilia, Praça de São Pedro, 27 de outubro de 2013. (www.vatican.va)

Página 25: "Mas, padre, eu trabalho em uma fábrica [...]" Audiência Geral, 19 de novembro de 2014. (www.vatican.va)

Página 26: O amor de Deus sempre vem [...] *Angelus*, Praça de São Pedro, 6 de janeiro de 2014. (www.vatican.va)

Página 27: O sentimento dominante que resplandece [...] *Regina Caeli*, Praça de São Pedro, Páscoa, segunda-feira, 21 de abril de 2014. (www.vatican.va)

Página 27: Toda revelação divina é fruto [...] Homilia, Basílica de São Pedro, Altar da Cátedra, 3 de novembro de 2014. (www.vatican.va)

Página 27: [Na] profissão de fé [...] Audiência Geral, 3 de abril de 2013. (www.vatican.va)

Página 28: Mas, voltemos ao Evangelho [...] Homilia, Basílica de São Pedro, Sábado Santo, 30 de março de 2013. (www.vatican.va)

Página 28: Depois de aparecer para as mulheres [...] Audiência Geral, 3 de abril de 2013. (www.vatican.va)

Página 28: Jesus não está morto, ele ressuscitou [...] Homilia, Basílica de São Pedro, Sábado Santo, 30 de março de 2013. (www.vatican.va)

Página 29: Precisamos ouvir a nós mesmos repetindo [...] Audiência Geral, 23 de abril de 2014. (www.vatican.va)

Página 29: E essa é uma mensagem significativa para mim [...] Homilia, Basílica de São Pedro, Sábado Santo, 30 de março de 2013. (www.vatican.va)

Página 29: O Evangelho de João nos diz que Jesus apareceu duas vezes [...] *Regina Caeli*, Domingo da Divina Misericórdia, 7 de abril de 2013. (www.vatican.va)

Página 30: Jesus, no Novo Testamento [...] Audiência Geral, 4 de dezembro de 2013. (www.vatican.va)

Página 30: O que significa para a Igreja [...] *Angelus*, Praça de São Pedro, 19 de janeiro de 2014. (www.vatican.va)

Página 31: Não é fácil ser aberto [...] Audiência Geral, 23 de abril de 2014. (www.vatican.va)

Página 31: *O que significa a ressureição?* [...] Audiência Geral, 4 de dezembro de 2013. (www.vatican.va)

Página 31: Sem essa fé na morte [...] Audiência Geral, 3 de abril de 2013. (www.vatican.va)

Página 32: As mulheres encontram a novidade de Deus [...] Homilia, Basílica de São Pedro, Sábado Santo, 30 de março de 2013. (www.vatican.va)

Página 32: Deixemos que essa experiência [...] *Regina Caeli*, Praça de São Pedro, Páscoa, segunda-feira, 21 de abril de 2014. (www.vatican.va)

Página 33: Quem experimenta isso se torna uma testemunha [...] *Regina Caeli*, Praça de São Pedro, Páscoa, segunda-feira, 21 de abril de 2014. (www.vatican.va)

Página 33: Após a morte do Mestre [...] Homilia, Basílica de São Pedro, Sábado Santo, 19 de abril de 2014. (www.vatican.va)

Página 33: A Galileia é o lugar onde eles foram chamados primeiro [...] Homilia, Basílica de São Pedro, Sábado Santo, 19 de abril de 2014. (www.vatican.va)

Página 33: Voltar à Galileia significa reler [...] Homilia, Basílica de São Pedro, Sábado Santo, 19 de abril de 2014. (www.vatican.va)

Página 33: Para cada um de nós, também há uma Galileia [...] Homilia, Basílica de São Pedro, Sábado Santo, 19 de abril de 2014. (www.vatican.va)

Página 34: Na vida de cada cristão [...] Homilia, Basílica de São Pedro, Sábado Santo, 19 de abril de 2014. (www.vatican.va)

Página 34: Hoje à noite cada um de nós pode se perguntar [...] Homilia, Basílica de São Pedro, Sábado Santo, 19 de abril de 2014. (www.vatican.va)

Página 34: O Evangelho é muito claro [...] Homilia, Basílica de São Pedro, Sábado Santo, 19 de abril de 2014. (www.vatican.va)

Página 34: "Galileia dos gentios [...]" Homilia, Basílica de São Pedro, Sábado Santo, 19 de abril de 2014. (www.vatican.va)

Página 35: Queridos amigos, sejam felizes! [...] *Angelus*, Praça de São Pedro, 7 de julho de 2013. (www.vatican.va)

Página 35: O coração humano deseja alegria [...] *Angelus*, Praça de São Pedro, 14 de dezembro de 2014. (www.vatican.va)

Página 35: Jesus veio para trazer alegria a todas as pessoas [...] *Angelus*, Praça de São Pedro, 14 de dezembro de 2014 (www.vatican.va)

Página 35: O profeta Isaías (40:1-5) se dirige a pessoas [...] *Angelus*, Praça de São Pedro, 7 de dezembro de 2014. (www.vatican.va)

Página 36: Deixemos que as palavras de Isaías — "Consolai, consolai o meu povo" [...] *Angelus*, Praça de São Pedro, 7 de dezembro de 2014. (www.vatican.va)

Página 36: A alegria cristã, como a esperança [...] *Angelus*, Praça de São Pedro, 15 de dezembro de 2013. (www.vatican.va)

Página 36: [A] alegria do Evangelho não é uma alegria qualquer [...] *Angelus*, Praça de São Pedro, 15 de dezembro de 2013. (www.vatican.va)

Página 37: Ele nos dá a força para seguir em frente [...] *Angelus*, Praça de São Pedro, 15 de dezembro, 2013 (www.vatican.va)

Página 37: Deus é conosco [...] *Angelus*, Praça de São Pedro, 5 de janeiro de 2014. (www.vatican.va)

Página 37: E para verdadeiramente dar as boas-vindas a Jesus [...] *Angelus*, Praça de São Pedro, 26 de dezembro de 2014. (www.vatican.va)

Página 38: O Evangelho de Lucas (15) contém três parábolas [...] *Angelus*, Praça de São Pedro, 15 de setembro de 2013. (www.vatican.va)

Página 38: Jesus não é um missionário solitário [...] *Angelus*, Praça de São Pedro, 7 de julho de 2013. (www.vatican.va)

Página 38: O Evangelho de Lucas nos diz que aqueles [...] *Angelus*, Praça de São Pedro, 7 de julho de 2013. (www.vatican.va)

Página 39: A Igreja está inteiramente *dentro desse movimento* [...] *Angelus*, Praça de São Pedro, 6 de janeiro de 2014. (www.vatican.va)

Página 39: Em Tessalonicenses (5:17-22), São Paulo indica [...] *Angelus*, 14 de dezembro de 2014. (www.vatican.va)

Página 39: No Evangelho de Lucas (24:36-49), os discípulos [...] Homilia, Igreja de Santo Inácio de Loyola, Campo Marzio, Roma, 24 de abril de 2014. (www.vatican.va)

Página 40: É mais fácil acreditar em fantasmas [...] Homilia, Igreja de Santo Inácio de Loyola, Campo Marzio, Roma, 24 de abril de 2014. (www.vatican.va)

Página 40: Os Atos dos Apóstolos (3:1-9) falam [...] Homilia, Igreja de Santo Inácio de Loyola, Campo Marzio, Roma, 24 de abril de 2014. (www.vatican.va)

Página 41: Nós, que somos batizados, filhos da Igreja [...] *Angelus*, Praça de São Pedro, 14 de dezembro de 2014. (www.vatican.va)

Página 41: Sem essa alegria [...] sem essa alegria [...] Homilia, Igreja de Santo Inácio de Loyola, Campo Marzio, Roma, 24 de abril de 2014. (www.vatican.va)

Página 41: Nós não podemos ser mensageiros do conforto de Deus [...] *Angelus*, Praça de São Pedro, 7 de dezembro de 2014. (www.vatican.va)

Página 41: O profeta Isaías (61:1-2) sugere [...] Homilia, 14 de dezembro de 2014. (www.vatican.va)

Página 42: Ninguém nunca ouviu falar de um santo triste [...] *Angelus*, Praça de São Pedro, 14 de dezembro de 2014. (www.vatican.va)

Página 43: A imagem de Deus é o casal [...] Audiência Geral, 2 de abril de 2014. (www.vatican.va)

Página 43: Quando um homem e uma mulher celebram [...] Audiência Geral, 2 de abril de 2014. (www.vatican.va)

Página 43: A Bíblia usa uma poderosa expressão [...] Audiência Geral, 2 de abril de 2014. (www.vatican.va)

Página 43: São Paulo, na carta aos Efésios [...] Audiência Geral, 2 de abril de 2014. (www.vatican.va)

Página 44: Existe um projeto verdadeiramente maravilhoso [...] Audiência Geral, 2 de abril de 2014. (www.vatican.va)

Página 44: Há três [palavras] que sempre precisam ser ditas [...] Audiência Geral, 2 de abril de 2014. (www.vatican.va)

Página 44: Queridas famílias, vocês sabem muito bem [...] Homilia, Praça de São Pedro, 27 de outubro de 2013. (www.vatican.va)

Página 45: Como os avós são importantes [...] *Angelus*, varanda central da residência do arcebispo de São Joaquim, Rio de Janeiro, 26 de julho de 2013. (www.vatican.va)

Página 45: E Jesus cura: deixem-se ser curados [...] Homilia, 8 de fevereiro de 2015. (www.vatican.va)

Página 45: [Q]ual é o poder que une a família? [...] *Angelus*, Praça de São Pedro, 11 de agosto de 2013. (www.vatican.va)

Página 46: Cada família cristã pode, antes de tudo [...] Audiência Geral, 17 de dezembro de 2014. (www.vatican.va)

Página 46: [O amor de Jesus] é um amor que dá valor [...] *Angelus*, Praça de São Pedro, 11 de agosto de 2013. (www.vatican.va)

Página 46: Todas as famílias precisam de Deus [...] Homilia, Praça de São Pedro, 27 de outubro de 2013. (www.vatican.va)

Página 46: Em Lucas (1:39-56), podemos imaginar a Virgem Maria [...] Homilia, Praça de São Pedro, 28 de setembro de 2014. (www.vatican.va)

Página 47: Diante de nossos olhos podemos imaginar a Mãe Maria [...] Homilia, Basílica de São Pedro, 2 de fevereiro de 2015. (www.vatican.va)

Página 47: Podemos imaginar essa pequena família [...] *Angelus*, Praça de São Pedro, 28 de dezembro de 2014. (www.vatican.va)

Página 47: Jesus é aquele que aproxima as gerações [...] *Angelus*, Praça de São Pedro, 28 de dezembro de 2014. (www.vatican.va)

Página 47: O menino Jesus com sua mãe, Maria [...] *Angelus*, Praça de São Pedro, 28 de dezembro de 2014. (www.vatican.va)

Página 48: O Evangelho de Mateus nos conta como [...] *Angelus*, Praça de São Pedro, 29 de dezembro de 2013. (www.vatican.va)

Página 48: Em terras distantes, mesmo quando arranjam emprego [...] *Angelus*, Praça de São Pedro, 29 de dezembro de 2013. (www.vatican.va)

Página 48: Jesus queria pertencer a uma família que passasse [...] *Angelus*, Praça de São Pedro, 29 de dezembro de 2013. (www.vatican.va)

Página 49: Jesus habitou a periferia [...] Audiência Geral, 17 de dezembro de 2014. (www.vatican.va)

Página 49: Certamente ficaríamos emocionados com a história [...] Audiência Geral, 17 de dezembro de 2014. (www.vatican.va)

Página 50: O que aconteceu nesses 30 anos em Nazaré [...] Audiência Geral, 17 de dezembro de 2014. (www.vatican.va)

Página 50: Nós ouvimos a mesma mensagem na exortação do apóstolo Paulo [...] Homilia, Praça de São Pedro, 28 de setembro de 2014. (www.vatican.va)

Página 50: São Paulo exorta Timóteo — que era pastor [...] Homilia, Praça de São Pedro, 28 de setembro de 2014. (www.vatican.va)

Página 50: Hoje, nosso olhar para a Sagrada Família [...] *Angelus*, Praça de São Pedro, 29 de dezembro de 2013. (www.vatican.va)

Página 51: Vamos fervorosamente invocar Maria Santíssima [...] *Angelus*, Praça de São Pedro, 29 de dezembro de 2013. (www.vatican.va)

Página 53: Em Mateus (22:15-21), Jesus nos recorda de que a lei divina [...] *Angelus*, Praça de São Pedro, 26 de outubro de 2014. (www.vatican.va)

Página 53: De fato, o sinal visível que um cristão pode mostrar [...] *Angelus*, Praça de São Pedro, 26 de outubro de 2014. (www.vatican.va)

Página 54: No Êxodo (22:22-26) vemos que a exigência de ser santo [...] *Angelus*, Praça de São Pedro, 26 de outubro de 2014. (www.vatican.va)

Página 54: Agora, à luz dessa Palavra de Jesus [...] *Angelus*, Praça de São Pedro, 26 de outubro de 2014. (www.vatican.va)

Página 54: No meio da densa floresta de regras e regulamentos [...] *Angelus*, Praça de São Pedro, 26 de outubro de 2014. (www.vatican.va)

Página 54: O profeta Isaías apresenta [a Providência Divina] como a imagem do amor maternal [...] *Angelus*, Praça de São Pedro, 2 de março de 2014. (www.vatican.va)

Página 55: No entanto, pensando nas muitas pessoas que vivem em condições precárias [...] *Angelus*, Praça de São Pedro, 2 de março de 2014. (www.vatican.va)

Página 55: A Providência de Deus vem por meio de nosso serviço aos outros [...] *Angelus*, Praça de São Pedro, 2 de março de 2014. (www.vatican.va)

Página 55: Um coração perturbado pelo desejo de posses [...] *Angelus*, Praça de São Pedro, 2 de março de 2014. (www.vatican.va)

Página 55: A estrada que Jesus indica pode parecer um pouco irreal [...] *Angelus*, Praça de São Pedro, 2 de março de 2014. (www.vatican.va)

Página 56: O Evangelho de Mateus (4:1-11) coloca diante de nós a narrativa [...] *Angelus*, Praça de São Pedro, 9 de março de 2014. (www.vatican.va)

Página 56: O tentador procura desviar Jesus do plano do Pai [...] *Angelus*, Praça de São Pedro, 9 de março de 2014. (www.vatican.va)

Página 56: Jesus, decididamente, rejeita todas essas tentações [...] *Angelus*, Praça de São Pedro, 9 de março de 2014. (www.vatican.va)

Página 56: Recordemos: no momento da tentação [...] *Angelus*, Praça de São Pedro, 9 de março de 2014. (www.vatican.va)

Página 57: A Bíblia nos diz que a grande ameaça ao plano de Deus [...] Homilia, Rizal Park, Manila, 18 de janeiro de 2015. (www.vatican.va)

Página 57: Os pobres estão no centro do Evangelho [...] Homilia, Catedral da Imaculada Conceição, Manila, 16 de janeiro de 2015. (www.vatican.va)

Página 58: No Evangelho de Mateus encontramos o convite de Jesus [...] *Angelus*, Praça de São Pedro, 6 de julho de 2014. (www.vatican.va)

Página 58: Esse convite de Jesus chega aos nossos dias [...] *Angelus*, Praça de São Pedro, 6 de julho de 2014. (www.vatican.va)

Página 58: Indiferença: a indiferença humana provoca tanta dor aos necessitados [...] *Angelus*, Praça de São Pedro, 6 de julho de 2014. (www.vatican.va)

Página 58: Jesus promete dar descanso a todos [...] *Angelus*, Praça de São Pedro, 6 de julho de 2014. (www.vatican.va)

Página 59: Desse evento podemos compreender três mensagens [...] *Angelus*, Praça de São Pedro, 3 de agosto de 2014. (www.vatican.va)

Página 59: Jesus é assim: ele sofre junto conosco [...] *Angelus*, Praça de São Pedro, 3 de agosto de 2014. (www.vatican.va)

Página 59: A segunda mensagem é a *partilha* [...] *Angelus*, Praça de São Pedro, 3 de agosto de 2014. (www.vatican.va)

Página 60: Quantas vezes nos afastamos de modo a não [...] *Angelus*, Praça de São Pedro, 3 de agosto de 2014. (www.vatican.va)

Página 60: Assim, muitos homens e mulheres de fé têm fé [...] Homilia, Santa Marta, 20 de fevereiro de 2015. (www.vatican.va)

Página 60: *Compaixão, partilha*. E a terceira mensagem [...] *Angelus*, Praça de São Pedro, 3 de agosto de 2014. (www.vatican.va)

Página 61: A visão bíblica e cristã do tempo e da história [...] Homilia, Basílica de São Pedro, 31 de dezembro de 2013. (www.vatican.va)

Página 61: *Andar*: este verbo nos faz refletir sobre o curso da história [...] Homilia, Basílica de São Pedro, 24 de dezembro de 2013. (www.vatican.va)

Página 61: [Jesus] entrou em nossa história; ele compartilhou nossa jornada [...] Homilia, Basílica de São Pedro, 24 de dezembro de 2013. (www.vatican.va)

Página 62: A narração evangélica dos Magos (Mt 2:1-12) [...] *Angelus*, Praça de São Pedro, 6 de janeiro de 2015. (www.vatican.va)

Página 62: A estrela que é capaz de levar qualquer pessoa a Jesus [...] *Angelus*, Praça de São Pedro, 6 de janeiro de 2015. (www.vatican.va)

Página 62: Quando olhamos para Cristo, não erramos [...] *Angelus*, Praça de São Pedro, 6 de janeiro de 2015. (www.vatican.va)

Página 63: O apóstolo nos diz que com a ressurreição de Jesus [...] Audiência Geral, 10 de abril de 2013. (www.vatican.va)

Página 63: Permanecer firme no caminho da fé [...] Homilia, Praça de São Pedro, 28 de abril de 2013. (www.vatican.va)

Página 64: Lembrem-se sempre: a vida é uma viagem [...] Homilia, primeiro domingo do Advento, 1º de dezembro de 2013. (www.vatican.va)

Página 64: No início da missa, todas as vezes [...] *Angelus*, Praça de São Pedro, 7 de setembro de 2014. (www.vatican.va)

Página 64: A estrada para Emaús [é] um símbolo do nosso caminho [...] *Regina Caeli*, Praça de São Pedro, 4 de maio de 2014. (www.vatican.va)

Página 65: Sabemos que este mundo cada vez mais artificial [...] Homilia, Basílica de Santa Sabina, 5 de março de 2014. (www.vatican.va)

Página 65: Em nossa história pessoal também existem momentos claros e escuros [...] Homilia, Basílica de São Pedro, 24 de dezembro de 2013. (www.vatican.va)

Página 66: Somente quando as dificuldades e o sofrimento dos outros [...] Homilia, Basílica de Santa Sabina, 5 de março de 2014. (www.vatican.va)

Página 66: O primeiro elemento é a oração. A oração é a força [...] Homilia, Basílica de Santa Sabina, 5 de março de 2014 (www.vatican.va)

Página 66: O segundo elemento-chave do caminho quaresmal é o jejum [...] Homilia, Basílica de Santa Sabina, 5 de março de 2014. (www.vatican.va)

Página 66: O terceiro elemento é a esmola: é dar livremente [...] Homilia, Basílica de Santa Sabina, 5 de março de 2014. (www.vatican.va)

Página 67: Deus nos convida a rezar insistentemente não porque [...] *Angelus*, Praça de São Pedro, 20 de outubro de 2013. (www.vatican.va)

Página 67: Nós, discípulos de Jesus, somos chamados a ser pessoas [...] *Angelus*, Praça de São Pedro, segundo domingo da Quaresma, 16 de março de 2014. (www.vatican.va)

Página 67: Mas ouçamos também Jesus em sua Palavra escrita [...] *Angelus*, Praça de São Pedro, segundo domingo da Quaresma, 16 de março de 2014. (www.vatican.va)

Página 68: Leiamos o Evangelho. Leiamos o Evangelho [...] *Angelus*, Praça de São Pedro, 27 de julho de 2014. (www.vatican.va)

Página 68: Além disso, comparecendo à missa de domingo [...] *Angelus*, Praça de São Pedro, 31 de agosto de 2014. (www.vatican.va)

Página 69: Os antigos teólogos diziam que a alma [...] Homilia, Praça de São Pedro, 19 de maio de 2013. (www.vatican.va)

Página 69: Falando aos apóstolos na Última Ceia [...] Homilia, Basílica de São Pedro, 8 de junho de 2014. (www.vatican.va)

Página 69: Um elemento fundamental do Pentecostes é a *surpresa* [...] *Regina Caeli*, Praça de São Pedro, 8 de junho de 2014. (www.vatican.va)

Página 70: O Espírito Santo, que animou totalmente a vida [...] *Angelus*, Praça de São Pedro, 11 de janeiro de 2015. (www.vatican.va)

Página 70: Mas quem é o Espírito Santo? No Credo [...] Audiência Geral, 8 de maio de 2013. (www.vatican.va)

Página 70: No dia de Pentecostes, quando os discípulos [...] Homilia, 8 de junho de 2014. (www.vatican.va)

Página 71: Voltamo-nos à Virgem Maria, que naquela manhã do Pentecostes [...] *Regina Caeli*, Praça de São Pedro, 8 de junho de 2014. (www.vatican.va)

Página 71: Eu gostaria de focar especialmente o fato de que o *Espírito Santo* [...] Audiência Geral, 8 de maio de 2013. (www.vatican.va)

Página 71: A esta altura podemos nos perguntar: Por que essa [...] Audiência Geral, 8 de maio de 2013. (www.vatican.va)

Página 72: O Espírito Santo nos ensina a ver com os olhos de Cristo [...] Audiência Geral, 8 de maio de 2013. (www.vatican.va)

Página 72: E nós, ouvimos o Espírito Santo? [...] Audiência Geral, 8 de maio de 2013. (www.vatican.va)

Página 72: E mais: O Espírito Santo também nos permite falar [...] Homilia, 8 de junho de 2014. (www.vatican.va)

Página 72: Então, como o Espírito Santo age em nossa vida e [...] Audiência Geral, 15 de maio de 2013. (www.vatican.va)

Página 73: Alguns em Jerusalém teriam gostado de ver os discípulos de Jesus [...] *Regina Caeli*, Praça de São Pedro, 8 de junho de 2014. (www.vatican.va)

Página 73: Na verdade, a Igreja manifesta sua fidelidade ao Espírito Santo [...] Homilia, Catedral Católica do Espírito Santo, Istambul, 29 de novembro de 2014. (www.vatican.va)

Página 73: A *novidade* sempre nos causa um pouco de medo, porque [...] Homilia, Praça de São Pedro, 19 de maio de 2013. (www.vatican.va)

Página 74: O Espírito Santo é a alma da *missão* [...] Homilia, Praça de São Pedro, 19 de maio de 2013. (www.vatican.va)

Página 74: Na intimidade com Deus e escutando sua Palavra [...] Homilia, Praça de São Pedro, 19 de maio de 2013. (www.vatican.va)

Página 74: Três ideias: *Ir, não ter medo* e *servir* [...] Homilia, Beira-mar de Copacabana, Rio de Janeiro, 28 de julho de 2013. (www.vatican.va)

Página 75: O temor ao Senhor é a dádiva do Espírito Santo [...] Audiência Geral, 11 de junho de 2014. (www.vatican.va)

Página 75: O temor ao Senhor nos permite estar cientes de que tudo [...] Audiência Geral, 11 de junho de 2014. (www.vatican.va)

Página 75: No entanto, devemos ter cuidado, pois a dádiva de Deus [...] Audiência Geral, 11 de junho de 2014. (www.vatican.va)

Página 76: Eu gostaria de acrescentar uma palavra sobre outra situação particular [...] Audiência Geral, 1º de maio de 2013. (www.vatican.va)

Página 76: Estou pensando em quem vive do tráfico de seres humanos [...] Audiência Geral, 11 de junho de 2014. (www.vatican.va)

Página 76: O temor ao Senhor, portanto, não faz de nós cristãos [...] Audiência Geral, 11 de junho de 2014. (www.vatican.va)

Página 76: Caros amigos, o Salmo 34 nos diz para rezar assim [...] Audiência Geral, 11 de junho de 2014. (www.vatican.va)

Página 79: Não é possível "amar a Cristo sem a Igreja [...]" Homilia, Basílica de São Pedro, 1º de janeiro de 2015. (www.vatican.va)

Página 79: Cristo é o templo vivo do Pai [...] Audiência Geral, 26 de junho de 2013. (www.vatican.va)

Página 80: Então, de onde nasce a Igreja? [...] Audiência Geral, 29 de maio de 2013. (www.vatican.va)

Página 80: A atividade e a missão da Igreja são expressões de sua maternidade [...] Homilia, Basílica de São Pedro, 1º de janeiro de 2015. (www.vatican.va)

Página 80: Qual é o plano de Deus? É fazer de todos nós uma única família [...] Audiência Geral, 29 de maio de 2013. (www.vatican.va)

Página 80: A Igreja não descansa somente à sombra [...] Audiência Geral, 9 de outubro de 2013. (www.vatican.va)

Página 81: O que posso fazer eu, um fraco e frágil pecador? [...] Audiência Geral, 2 de outubro de 2013. (www.vatican.va)

Página 81: Podemos dizer que [a Igreja] é como a vida familiar. Na família [...] Audiência Geral, 9 de outubro de 2013. (www.vatican.va)

Página 82: Nosso pensamento vai primeiro [...] Audiência Geral, 25 de junho de 2014. (www.vatican.va)

Página 82: Nosso testemunho é fazer com que os outros entendam o que significa ser cristão [...] Audiência Geral, 29 de outubro de 2014. (www.vatican.va)

Página 83: Maria está intimamente unida a Jesus, porque ela recebeu [...] Homilia, Basílica de São Pedro, 1º de janeiro de 2015. (www.vatican.va)

Página 83: Na mensagem do anjo, Maria não esconde sua surpresa [...] Homilia, Praça de São Pedro, 13 de outubro de 2013. (www.vatican.va)

Página 83: Na Anunciação, o mensageiro de Deus chama Maria "cheia de graça" [...] Audiência Geral, 23 de outubro de 2013. (www.vatican.va)

Página 84: Como Maria vive essa fé? Vive-a [...] Audiência Geral, 23 de outubro de 2013. (www.vatican.va)

Página 84: Podemos também louvar [Deus] e glorificá-lo, como os pastores [...] Homilia, Basílica de São Pedro, 1º de janeiro de 2015. (www.vatican.va)

Página 84: *Maria [é] o modelo de caridade.* De que forma Maria é um exemplo vivo [...] Audiência Geral, 23 de outubro de 2013. (www.vatican.va)

Página 85: *Maria [é] o modelo de união com Cristo. A vida da* [...] Audiência Geral, 23 de outubro de 2013. (www.vatican.va)

Página 85: Maria diz: "Minha alma glorifica o Senhor." Hoje [...] Homilia, Castel Gandolfo, 15 de agosto de 2013. (www.vatican.va)

Página 85: Maria também sofreu o martírio da cruz [...] Homilia, Castel Gandolfo, 15 de agosto de 2013. (www.vatican.va)

Página 85: Ao longo de nosso caminho, que é muitas vezes difícil, não estamos sozinhos [...] Homilia, praça em frente ao Santuário de Nossa Senhora de Bonaria, Cagliari, 22 de setembro de 2013. (www.vatican.va)

Página 86: Maria sempre esteve presente no coração do povo cristão [...] Homilia, Basílica de São Pedro, 1º de janeiro de 2014. (www.vatican.va)

Página 86: Nossa peregrinação de fé está inseparavelmente ligada a Maria [...] Homilia, Basílica de São Pedro, 1º de janeiro de 2014. (www.vatican.va)

Página 86: A Mãe do Redentor nos precede [...] Homilia, Basílica de São Pedro, 1º de janeiro de 2014. (www.vatican.va)

Página 87: Não tenhamos medo de sair e olhar para nossos irmãos [...] Homilia, praça em frente ao Santuário de Nossa Senhora de Bonaria, Cagliari, 22 de setembro de 2013. (www.vatican.va)

Página 89: A festa de Todos os Santos, que hoje celebramos, lembra-nos [...] *Angelus*, Praça de São Pedro, 1º de novembro de 2013. (www.vatican.va)

Página 89: E no Dia de Todos os Santos e no primeiro dia em que comemoramos [...] Homilia, Cemitério de Verano, 1º de novembro de 2013. (www.vatican.va)

Página 89: Por meio dessa festa os santos nos dão uma mensagem [...] *Angelus*, Praça de São Pedro, 1º de novembro de 2013. (www.vatican.va)

Página 90: Os santos são pessoas que, por amor a Deus, não impuseram condições [...] *Angelus*, Praça de São Pedro, 1º de novembro de 2013. (www.vatican.va)

Página 90: Ser santo não é um privilégio para poucos, como se fosse [...] *Angelus*, Praça de São Pedro, 1º de novembro de 2013. (www.vatican.va)

Página 90: Quando estamos enraizados na fonte do Amor, que é Deus [...] Audiência Geral, 30 de outubro de 2013. (www.vatican.va)

Página 90: A comunhão dos santos vai *além da vida terrena, além da morte* [...] Audiência Geral, 30 de outubro de 2013. (www.vatican.va)

Página 91: Todos nós devemos nos perguntar: Como posso dar testemunho de Cristo [...] Homilia, Basílica de São Paulo Fora dos Muros, 14 de abril de 2013. (www.vatican.va)

Página 91: Há os santos de cada dia, os santos "escondidos" [...] Homilia, Basílica de São Paulo Extramuros, 14 de abril de 2013. (www.vatican.va)

Página 91: Os santos não são super-homens, nem nasceram perfeitos [...] *Angelus*, Praça de São Pedro, 1º de novembro de 2013. (www.vatican.va)

Página 92: Isso está acontecendo hoje. Parece que [...] Homilia, Cemitério de Verano, 1º de novembro de 2014. (www.vatican.va)

Página 92: Na verdade, o Reino dos Céus é para aqueles que não depositam [...] *Angelus*, Praça de São Pedro, 1º de novembro de 2013. (www.vatican.va)

SOBRE O EDITOR E COMPILADOR

James P. Campbell tem mais de 40 anos de experiência como catequista e palestrante nacional em educação religiosa católica. Fez licenciatura em letras e mestrado em história europeia, e mais tarde mestrado em teologia. É doutor do Ministério de Educação Cristã do Instituto de Teologia Aquinas.

Nos 12 anos anteriores à sua aposentadoria, Jim foi teólogo da Loyola Press. É coautor de *Finding God: Our Response to God's Gifts, Grades 1-8*. Também escreveu *Stories of the Old Testament: A Catholic's Guide* e *Mary and the Saints: Companions on the Journey*.

Este livro foi composto na tipologia Minion Pro,
em corpo 12/17, impresso em papel off-white,
no Sistema Cameron da Divisão Gráfica
da Distribuidora Record.